일제침탈사 08
바로알기

조선인 노동자 위령비를 찾아서 1

● 글·사진 안해룡 ●

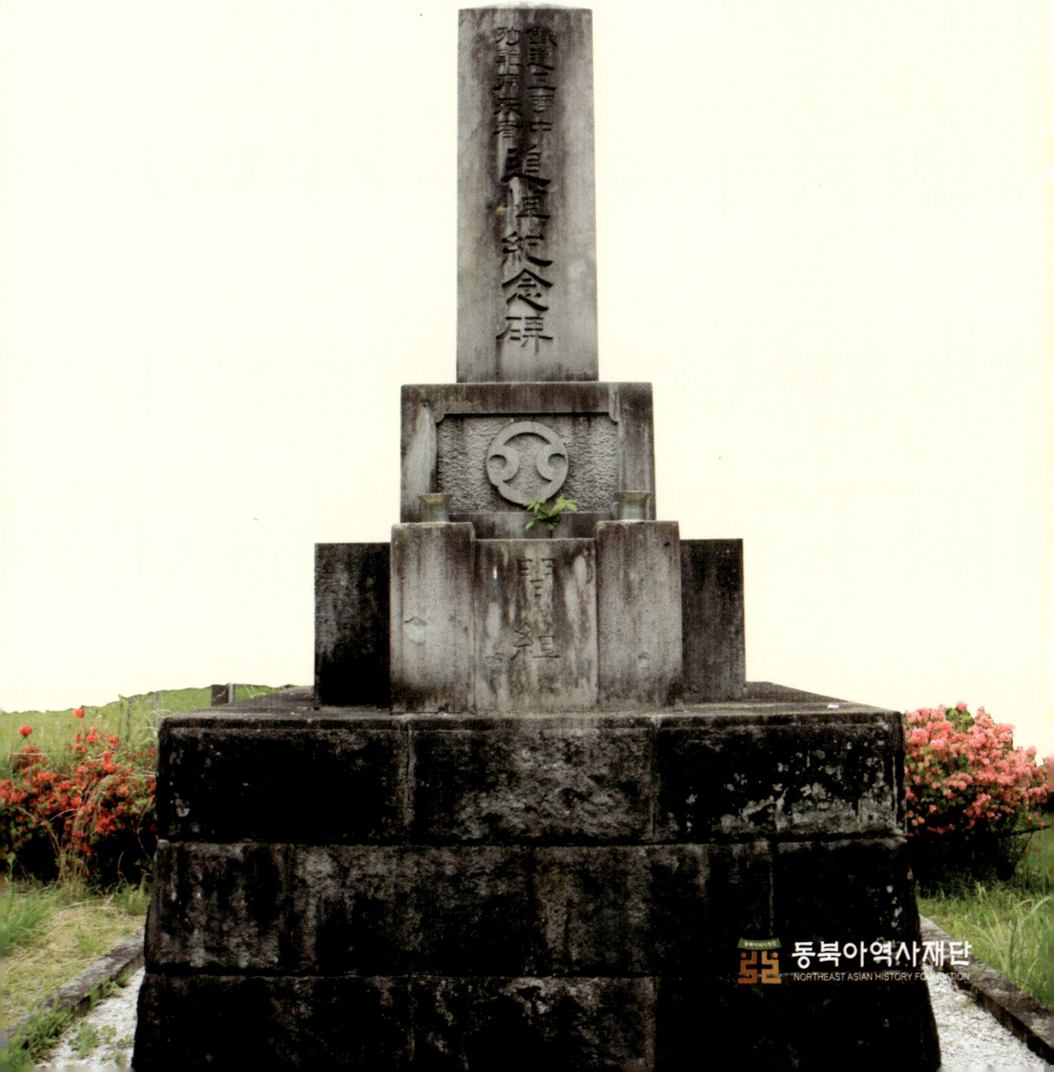

동북아역사재단
NORTHEAST ASIAN HISTORY FOUNDATION

발간사

　일본제국주의의 식민 침탈에서 벗어난 지 75년이 되었지만, 그 역사가 아직도 한일 관계에서 큰 걸림돌로 작용하고 있습니다. 21세기에 들어 일본 정부의 독도 영유권 주장은 점차 도를 더해가고 있으며, 최근에는 일제의 강제동원 문제와 한국 대법원 판결, 일본군'위안부' 문제 해결 방안 등으로 갈등이 불거졌습니다. 급기야 그 불이 무역 분쟁, 안보 문제까지 옮겨 붙었습니다.

　한일 간의 역사 문제는 우선 '식민 지배'라는 역사를 어떻게 볼 것인가 하는 역사인식에서 기인합니다. 우리는 언제나 오늘날의 입장에서 과거의 역사를 바라보고, 다시 미래로 나아갑니다. 과거 침략의 역사를 미화하면서 평화로운 미래를 얘기하는 것은 불가능합니다. 식민 지배로 인한 잘못을 인정하고 반성하지 않으면 다시 전쟁이 일어날 위험성이 있고, 인권을 존중하지 않는 군국주의 부활을 획책할 수도 있습니다. 따라서 역사를 보는 미래지향적 인식이 필요하고, 이를 한일 양국이 공유해야 할 것입니다.

　다음, 지금의 한일 역사 문제는 '과거'의 '사실'이 명확하게 규명되지 않은 것에서 연유한 점이 있습니다. 해방된 이후, 일제강점기에 대한 개인적인 연구는 다수 이루어졌으나, 학계나 정부 차원에서 식민 지배의 실상을 체계적으로 연구 정리하고, 관계되는 자료집을 모아 정리하지 못하였습니다. 지금까지 항일, 독립운동사에 대한 연구와 자료집은 많이 출간되었지만, 일제의 통치 자체를 정리하지 못한 것입니다.

　또한 일제의 식민 침탈의 실상을 국민에게 알리고 교육하는 것도 체계적이지 않았습니다. 초등학교에서 고등학교에 이르는 학교의 역사교육은 나름

대로 성과가 있었지만, 일반 시민교육에는 사실 무관심하였습니다. 그러자 최근에는 일제의 한반도 강점과 식민 지배로 인한 피해를 부정하는 인식 아래 일제강점기에 한반도가 근대화되었고, 수탈이나 강제동원은 꾸며진 이야기라고 주장하는 책이 시중에 나오기도 했습니다. 역사인식이 명확하지 않았던 일부 국민들이 여기에 호기심을 가졌고, 또한 이를 넘어 찬동하는 사태도 일어났습니다. 이런 책에서 부정한 것은 일제 침탈의 역사뿐만 아니라 항일독립운동의 역사, 나아가 우리 민족사 전체입니다.

우리 학계는 일찍부터 일제 침탈의 역사를 체계적·객관적으로 정리해야 한다는 점을 잘 알고 있었지만, 차일피일 미루다가 너무 많은 시간이 흘렀습니다. 이에, 더 늦기 전에 우리 재단이 중심이 되어 한국 학계의 힘을 모아 일제침탈사 연구를 집대성하고, 관련된 자료를 수집하여 체계적으로 정리하고, 일제 침탈 실상을 바로 알리기 위한 국민 대상의 교양서 발간을 기획하게 되었습니다. 2020년부터 사업을 시작하였고, 앞으로 몇 년에 걸쳐 이를 수행할 예정입니다. 일제침탈사 편찬사업은 크게 세 부분으로 나누어 (1)일제 침탈의 전모를 학문적으로 정리한 연구총서(50권), (2)문호개방 이후 일제 강점기에 이르는 기간의 일제침탈 자료총서(100여 권), 그리고 (3)일반 국민이 일체 침탈을 올바르게 알 수 있는 주제를 쉽게 풀어쓴 교양총서(70여 권)로 구성하고자 합니다.

그동안 일제의 침탈상을 밝히려는 연구가 없었던 것은 아닙니다. 관련 자료집도 여러 방면에서 편찬된 바 있습니다. 그러나 모든 분야를 망라하여 학계의 연구 성과를 종합하고 관련 자료를 편찬하는 일은 이번이 처음입니다.

무엇보다 일반 시민들이 과거 제국주의 시대 우리가 겪었던 침략과 수탈의 역사를 또렷하게 직시할 수 있게 하는 종합 자료집은 드물었습니다. 따라서 정치·경제·사회·문화 등 모든 방면에 걸쳐 침탈의 역사를 알기 쉽게 기록하고 그에 대응한 자료를 모아 번역함으로써 시민들에게 일제 식민 지배의 실체와 침탈의 실상을 전하고자 합니다.

2021년 2월
동북아역사재단 이사장

목차

발간사 • 2

서장 : 위령비에 새겨진 조선인의 이름을 찾아서 • 7

1. 모이와(藻岩) 희생자의 비 – 홋카이도   21
2. 고노마이광산(鴻之舞鉱山)위령비 – 홋카이도   31
3. 조몬(常紋)터널공사 순난자 추도비 – 홋카이도   41
4. 나나쓰다테조혼비(七ツ舘弔魂碑) – 아키타   49
5. 히메관음(姫観音)과 조선인 무연불 위령비 – 아키타   59
6. 죠반탄전(常盤炭田) 조선인 노무 희생자의 비 – 후쿠시마   69
7. 오고우치(小河内)댐 위령비와 순직자의 비 – 도쿄   79
8. 싱가포르 창이 순난자 위령비 – 도쿄   87
9. 도쿄도 위령당(東京都慰霊堂) – 도쿄   95
10. 아사카와(浅川)지하호 – 도쿄   105
11. 사가미(相模)댐 호명비(湖銘碑)와 순직자 위령탑 – 가나가와   111

마무리하며 • 120

참고문헌 • 122

찾아보기 • 125

후쿠오카현 오무타시 아마기(甘木)공원에 있는 징용피해자위령비. 미이케탄광에서 희생된 조선인 노동자를 기리는 위령비다. 1995년에 세워졌다.

서장
위령비에 새겨진 조선인의 이름을 찾아서

탄광, 철도, 발전소 건설 현장에서 일했던 조선인 노동자는 일본 자본주의를 위해 희생된 불쏘시개였다. 일본에 세워진 위령비에는 한반도 식민과 분단의 역사가 고스란히 투영되어 있다.

1993년 여름이었다. 나는 당시 규슈 지쿠호(筑豊) 지역 조선인 강제동원 문제를 취재하고 있었다. 프리랜서 사진가로서 처음 취재한 현장이었다. 글자로만 알았던 강제동원 현장을 눈으로 보고, 강제노동 피해자를 직접 만났다. 묘지, 위령탑, 납골당 그리고 이름도 묘비도 없는 무덤들을 카메라에 담았다. 순직비 또는 위령비 속에서 조선인의 이름이 눈에 띄었다. 당시 기사는 『말』이라는 월간지에 사진과 함께 발표했다.

아들의 첫 기사를 한동안 들여다보던 아버지는 오랫동안 말이 없었다. 어렵게 꺼낸 첫마디는 마치 넋두리 같았다. "그때는 그랬어. 나도 홋카이도에 끌려갔었거든. 어쩔 수가 없었지." 모두 처음 듣는 이야기였다. 강제

후쿠오카현의 탄광지대인 지쿠호. 지역의 절간에는 고향으로 돌아가지 못한 조선인 노동자의 유골들이 아직도 남아 있다.

동원의 역사는 교과서나 책이 아닌 나의 가족사였다.

실마리는 2018년 4월에 찾아왔다. 아시아태평양전쟁(1931~1945) 기간에 조선인 강제동원 사실을 조사하는 일본의 시민단체 '조선인강제연행진상조사단'이 편집한 『자료집 조선인 희생자 추도비(資料集朝鮮人犧牲者追悼碑)』가 일본에서 출판됐다는 소식을 들었다. 일본 전역에 있는 위령비 중 확인된 160여 곳을 정리한 자료집이었다.

이 자료집을 구해 내가 방문한 지역을 확인하고, 가지 못한 현장을 찾아다니기 시작했다. 추도비에 새겨진 조선인의 이름은 우리가 기억 저편에 두고 잊어버렸던 역사를 환기시켰다. 그러나 아직은 그저 '점'으로만 남아 있다. 점으로만 남은 현장을 '선'으로 이어볼 수 있을 것 같았다.

한 손에 자료집을 들고 순직비와 추모비와 위령비를 찾아다녔다. 다시

야마구치현 우베시 도코나미 해안에 있는 조세이 해저탄광. 1942년 2월 3일 수몰 사고가 일어났다. 해저 30미터 아래에서 작업하던 광부 183명이 사망했다. 이 가운데 136명이 강제동원된 조선인 노동자였다. 사고 이후 탄광은 폐쇄되었고, 이들의 시신은 아직도 바닷속 갱도에 묻혀 있다. 해저탄광과 연결된 두 개의 환기구만이 이곳에 탄광이 있었음을 알려준다.

오키나와로, 규슈로 향했다. 후쿠오카, 나가사키, 구마모토, 가고시마, 미야자키, 야마구치, 히로시마, 효고, 오사카, 교토, 아이치, 시즈오카, 지바, 사이타마, 군마, 나가노, 니가타, 아키타까지.

 현장만큼이나 문서 자료를 통해 사실을 확인하고 추론하는 것도 중요했다. 가능하면 1910~1920년 노동 현장이 어떤 곳이었는지 이해할 수 있는 사진을 찾고 싶었다. 조선인 노동자들이 얼마나 오지에서, 어떤 도구로, 어떤 일을 했는지 구체적으로 확인할 수 있는 자료였기 때문이다. 디지털화된 자료는 물론, 일본 국회도서관에 가서 과거 논문과 기사를 찾아 복사했다. 취재 지역의 도서관이나 자료실에도 소중한 자료가 많았다. 일본 시민단체들의 꼼꼼한 지역조사 자료와 헌신적인 안내 역시 큰

규슈의 에도라 불리는 구마모토현 히토요시시. 구마모토현의 야스요시에서 가고시마현의 하야토로 이어지는 히사쓰선이 지나는 명소이다. 히사쓰선 공사에는 1907년부터 조선인 노동자가 터널공사 등에 종사했다.

힘이 됐다.

구마강(球磨川) 계곡 절경을 가르며 달리는 두 량짜리 관광열차 '이사부사호(號)'는 하루 네 번 오코바(大畑)역에 관광객을 풀어놓는다. 오코바 역은 구마모토(熊本)현 야스요시(八代)역에서 가고시마(鹿兒島)현 하야토(隼人)역까지 이어지는 히사쓰(肥薩)선의 대표 명소다. 낡은 목조건물이 매력적인 무인역이다. 열차 방향을 돌리기 위한 루프선(loop track)이 있고, 급경사에서 높이차를 극복하기 위해 지그재그 모양으로 선로를 놓은 스위치백(switchback)은 전진과 후진을 반복하며 열차 관광의 재미를 더한다. 오코바 역사 안에는 한국어로 된 관광객 메모도 심심찮게 발견된다.

절경인 구마강을 따라 달리는 히사쓰선은 인기 많은 관광열차가 되었다.

아름다운 오코바역 인근 낡은 추모비

하지만 오코바역에서 200미터 정도 떨어진 언덕의 선로 오른쪽 한구석에 낡은 비가 하나 있다는 걸 아는 사람은 드물다. '철도 공사 중 순난 병몰자(殉難病沒者) 추도기념비'다. 이 구간의 공사를 담당했던 건설회사인 하자마구미(間組)가 철도 부설 공사 중 사망한 노동자를 추모하기 위해 1908년 10월에 세운 추도비다. 사망 일자, 출신지, 이름, 연령순으로 새겨 놓은 명단 14명 가운데 낯익은 모양의 이름이 보였다.

최길남. 한국 경기도 남양군에 주소를 두고 있는 33살의 노동자. 1908년 3월 16일 오코바역 주변 공사 현장 사고로 사망했다. 시기를 보면 한일병합이 이뤄지기 2년 전이다. 조선인 노동자의 이름이 처음 나오는 추도

히사쓰선 철도 공사에 참여한 조선인 노동자는 500여 명이었다. 구마모토현 히토요시시의 오코바역에는 하자마구미가 1908년 10월에 세운 '철도 공사 중 순난병몰자 추도기념비'가 있다. 조선인 노동자 이름이 처음으로 기록된 위령비다.

비다. 이 추도비는 조선인 노동자의 일본 이주 시점을 짐작하게 한다. 당시 이미 조선 출신 노동자가 일본 철도 부설 공사에 참여하고 있었던 셈이다.

히사쓰선은 군사적 이유로 내륙을 돌아가는 루트로 결정된 노선이다. 1901년 1월 착공한 공사는 러일전쟁으로 중단되었다가 1909년 개통했다. 처음에는 부족한 노동력을 중국에서 데려온 것으로 알려졌다. 하지만 1899년 '외국인노동자배척법'이 제정되면서 중국 인력을 더 이상 쓸 수 없게 됐다. 그런데 조선인 노동자는 이 법의 적용 대상이 아니었다.

가지마구미(鹿島組, 현 가지마건설)는 히사쓰선 중에서도 야타케터널 등 난공사 구간을 담당하고 있었다. 당시 가지마구미는 조선 지점을 통해 조선인 노동자 150명을 고용했는데, 『일본철도청부업사』에 따르면 이는 일본 철도 공사에 조선인 노동자를 고용한 최초의 사례다. 조선인들은 '경력자'였다. 가지마구미가 진두지휘해 1901년 8월 착공, 1905년 1월 개통한 경부철도 공사 경험자들이었다.

조선의 철도 공사 경력자들 중 40명이 1907년 10월 30일에 제1진으로 히토요시에 도착했다. 40명으로 시작한 조선인 노동자 수는 1908년 4월이 되자 500명을 넘어섰다. 조선인 노동자들은 지게 등을 사용한 운반 작업을 효율적으로 수행했다. 가지마구미는 조선인 덕분에 이전의 손실을 보전하고 이익을 창출할 수 있었다고 평가했다. 저임금으로 혹사시켰다는 방증이었다.

오코바역 구간을 공사하던 하자마구미 역시 가지마구미와 다르지 않

오코바역에 있는 '철도 공사 중 순난병몰자 추도기념비'에 새겨진 조선인 노동자 '최길남'.

1897년 8월 7일 조선인 노동자 20명이 사가현 니시마쓰우라군의 이마리에 있는 조자탄광에 도착했다. 조선인 노동자 이주의 시작이었다.

230명의 조선인 노동자가 조자탄광에서 일했다. 이마리시에는 조자탄광의 흔적이 아직도 남아 있다.

다. 하자마구미는 1889년 4월에 설립돼 기타큐슈의 철도 공사를 담당하던 지역 토목회사였다. 조선인 노동자를 고용하면서 발전 기반을 구축했다. 하자마구미는 가지마구미의 지원으로 조선에서 경인선과 경부선 공사에 참여했다. 관설 공사에 투입된 건 처음이었다. 이후 오코바역 구간 공사까지 이끌었다. 최길남 씨는 그 과정에서 희생된 조선인 노동자였다.

히사쓰선 부설 공사에 앞서 조선인 노동자를 도입한 곳은 광산이다. 사가(佐賀)현 니시마쓰우라(西松浦)군에 있는 조자(長者)탄광이 대표적이다. 조자탄광은 1839년 채굴을 시작했다. 청일전쟁을 계기로 석탄산업이 호황을 맞으면서 노동력이 부족해지자 조선인 노동자 고용을 결정했다.

1897년 8월 2일 인천항을 떠난 조선인 20명이 나가사키항을 경유해 8월 7일 조자탄광에 도착했다. 8월 11일 도착한 37명을 포함해 조자 탄광에 일하러 온 조선인 57명의 평균 연령은 25.6세였다. 모두 채탄 경험이 없는 초보자였다. 제대로 된 교육도 받지 못한 채 바로 현장에 투입됐다. 조선인 노동자의 입갱률은 매우 높았고, 자연스럽게 채탄 성과도 올랐다. 이후 4회에 걸쳐 조선인 230명이 추가로 조자탄광에 들어왔다. 조선인 노동자는 일본인 노동자와 격리되어 생활했다. 임금은 일본인에 비해 다소 낮은 수준이었지만, 채탄 도구 사용료를 공제하는 등 임금을 중간에서 갈취하는 경우가 많았다.

발전소, 댐마다 1000명 넘는 조선인이 일해

이처럼 일본 기업은 1910년 한일병합 이전부터 조선인을 고용해왔다. 위험한 업무에 낮은 임금으로 사람을 부릴 수 있었기 때문이다. 1914년

제1차 세계대전이 발발하며 호황을 맞은 일본은 점점 더 많은 노동력을 필요로 했다. 유럽의 전쟁 확대로 주문이 폭주하면서 노동자 확보는 일본 산업계의 최우선 과제가 됐다.

탄광과 철도뿐만이 아니었다. 댐과 발전소 건설 현장의 노동력 부족도 심각했다. 특히 공장 가동에 필요한 전력을 생산하기 위해 1920~1930년대 집중적으로 지어진 여러 발전소와 댐에는 현장마다 1000명이 넘는 조선인 노동자가 있었다. 시즈오카(静岡)현의 경우 발전소 공사로 온 조선인 노동자의 자녀들이 지역 소학교에 100명 넘게 다녔다는 기록도 있다.

이른바 '모집인'이 조선 각지에 잠입한 것도 그즈음이다. 이들의 감언이설에 속아 모인 농민들은 석탄 운반선에 몸을 싣고 대한해협(현해탄)을 건넜다. 기타큐슈항에 도착해 심야를 틈타 옮겨 탄 트럭은 전속력으로 질

현재의 오이가와발전소 모습. 시즈오카현 오이가와의 발전소 건설을 위해서 조선인 노동자가 동원되었다.

주했다. 그렇게 조선인 노동자들이 도착한 곳은 모집인이 말했던 대공장이 아니었다. 지쿠호(筑豊)탄광 지역에 살면서 광산노동자의 삶을 기록해 온 논픽션 작가 우에노 에이신(上野英信)은 조선인 노동자의 이주 과정을 포착했다. 조선인들은 주로 밀항으로 입국했다. 우에노 에이신은 탄광으로 조선인 노동자들을 실어 나른 석탄 운반선을 '노예선'이라고 불렀다.

대다수 위령비는 일본 패전 뒤 건립

가혹한 노동 현장에서는 공사 도중 사망하는 사건이 빈번했지만, 조선인 노동자의 이름이 구체적으로 명기된 위령비나 추모비는 많지 않았다. 건설 당시만 해도 아시아에서 가장 긴 터널이었던 시미즈(水清)터널이 대

순직비에 조선인 노동자의 이름은 없지만 조에쓰선 최대의 난공사로 불리는 시미즈터널 공사에서도 조선인 노동자들의 죽음은 있었다.

표적이다. 일본의 관동과 관서를 나누는 조에쓰선(上越線) 시미즈터널 부근 순직비에는 조선인 이름이 없다. 1920년대 조에쓰선 건설에 1000명이 넘는 조선인 노동자가 동원됐고, 사고로 사망했다는 기록이 있지만 비석의 '기억'에는 담기지 않았다. 노동 현장이 학살 현장으로 변하기도 했다. 1922년 나가쓰강(中津川)발전소 건설 현장에서 일본인 감독에 의해 자행된 '시나노강(信濃川) 조선인 학살 사건' 역시 추모비나 위령비는 세워지지 않았다.

일본에 세워진 위령비와 추모비에는 한반도 식민의 역사와 분단의 역사가 고스란히 투영되어 있다. 해방 이후 한반도는 남과 북으로 분단되었다. 일본에 있는 민족단체도 재일본조선인총연합회(총련)와 재일본대한민국민단(민단)으로 분리되었다. 해방 전 조선에서 일본으로 간 노동자들의 죽음 역시 설립 주체에 따라 총련에서 세운 위령비는 '조선인'으로, 민단에서 세운 위령비는 '한국인'으로 표기되었다. 위령비에서마저 분단의 경계선이 만들어졌다.

오키나와에 건립된 '한국인 위령비'는 대표적인 사례다. 오키나와에서 총련은 1972년 조선인 강제동원의 피해자 조사를 일본인 변호사 그룹과 함께 시작했다. 오키나와 현지 미군은 총련의 활동 상황을 알리고 한국 정부에 이에 대한 조치를 요청했다. 오키나와평화기념공원에 1975년 건립한 '한국인 위령비'는 총련의 활동에 대응하고자 하는 한국 정부의 적극적인 지원을 받았다. 한국인 위령비는 오키나와전에서 희생된 조선인 군인과 군속, 그리고 일본군 '위안부' 희생자를 기리기 위한 위령비다.

탄광, 철도, 발전소 건설에 투입된 조선인 노동자는 일본 자본주의가 근대화 과정에서 비약적으로 발전할 수 있도록 도와준 완벽하고 값싼 불

일본에 있는 조선인 노동자의 위령비와 추모비에는 남과 북 대립의 역사도 읽을 수 있다. 오키나와 평화공원에 1975년에 건립한 '한국인 위령비'. 일본에 있는 조선인 노동자의 위령비와 추모비는 한반도 남과 북 대립의 역사도 반영되어 있다.

쏘시개였다. 조선인 이름 그대로, 또는 창씨개명한 이름으로, 때로는 이름조차 없이 세워진 비석은 조선인의 슬픈 이주사가 지닌 단면을 보여준다. 비문은 자본주의 수탈 역사나 제국주의 침략 역사, 학살의 역사를 직접적으로 설명하지 않는다. 험난하고 열악한 조선인 노동 현장 역시 세월이 흘러 현재는 비경을 자랑하는 관광지가 되었다. 비문에 적혀 있지 않은, 지워진 죽음은 역사와 공간을 통해 적극적으로 읽어내야 한다. 이번 작업은 그 시도였다. 우리는 잊어버린 기억을 '역사'로 되돌릴 수 있을까.

1

모이와(藻岩) 희생자의 비
- 홋카이도

    홋카이도(北海道) 삿포로(札幌)시 남부 모이와산 동쪽 기슭에 자리 잡고 있는 모이와발전소. 홋카이도전력의 수력발전소인 모이와발전소는 도요히라강(豊平川)을 수원(水源)으로 하고 있다. 미스마이(簾舞)에 건설된 모이와댐에서 10.4킬로미터의 지하수로를 통해 모이와발전소로 수원이 공급된다. 수로의 총길이는 13킬로미터로 구 모이와정수장까지 연결되어 있다. 모이와발전소에는 수력발전기 3기가 설치되어 약 12.6메가와트의 전력을 생산하고 있다.

    발전기를 돌리기 위해 수용된 물은 야마하나강(山鼻川)을 방류된다. 물의 일부는 삿포로시의 수돗물로 사용되고 있다. 삿포로 시민에게 수도와 전기를 공급하는 모이와발전소와 모이와정수장 건설 공사는 1934년 착공되었다. 발전소는 1936년 9월에 운전을 개시해 전력을 생산하기 했다. 정수장은 이듬해 완공되었다. 이후 야마하나강 하천 정비를 하면서 모이

삿포로시에 전기를 공급하기 위해 건설된 모이와발전소는 다코베야 노동의 결과물이다.

와발전소 주변은 공원이 되었다.

정수장은 삿포로시 직영 공사로 착수되었다. 발전소는 홋카이도수력발전주식회사(현 홋카이도전력의 전신 중 하나)가 발주해 가지마구미(鹿島組)와 이토구미(伊藤組)가 청부를 맡았다. 공사 구간은 3개 공구로 나뉘어 있었다.

제1공구는 원청(元請)이 이토구미, 중청(中請)이 다지마구미(田島組), 그리고 말단 하청을 9개의 다코베야(タコ部屋)가 담당했다. 9개 다코베야 가운데

하나인 가토베야(加藤部屋)가 조선인만의 다코베야로 댐의 제방 공사를 담당했다.

제2공구는 원청이 가지마구미, 중청이 엔도구미(遠藤組)·고바야시구미(小林組)·마쓰다구미(松田組)·나카이구미(中井組), 말단 하청은 18개의 다코베야와 신요베야(信用部屋)가 담당했다. 조선인만의 다코베야가 한 곳, 일본인과 조선인이 함께 있었던 다코베야가 세 곳 있었다. 마쓰카와베야(松川部屋), 야마구치베야(山口部屋), 미야지마베야(宮島部屋) 등 세 곳은 조선인 신요베야였다.

제3공구는 원청이 가지마구미, 중청이 이토구미, 시바타구미(柴田組), 고사노구미(小佐野組), 말단 하청은 14개의 다코베야와 신요베야가 담당했다. 아라이베야(荒井部屋), 곤도베야(近藤部屋) 등 조선인 다코베야가 3곳 있었다. 특이한 점은 '가지마구미 상무자 기숙사 부속 기숙사'는 구보타 마사오(久保田正雄)라는 통명을 쓰는 조선인 백학기가 관리자인 함바(飯場, 일본에서는 대규모 토목 공사나 건축 현장에 공사 기간 동안 임시로 지어진 숙박시설을 의미하며, 식사 등도 제공된다)였다. 가지마구미 '부속 기숙사'가 다코베야인지 신요베야인지는 분명하지 않다.

다코베야란 홋카이도 개척을 위한 죄수노동이 폐지되면서 토목 공사 등에 필요한 노동자를 '좋은 일이 있다'고 속여서 데리고 와서 감금 상태로 장시간 폭력적인 수단을 통해 노동을 강제하는 노동 고용 구조를 말한다. 이러한 노동자의 함바를 통칭 '다코베야', '감옥베야'라고 불렀다. '다코'는 일하는 노동자를 말한다. 한편 자유로운 계약을 통해 일하고 있는 노동자의 함바는 '신요베야'라 불렀다. 주로 농한기와 휴어기의 농어민과 계약을 맺고 고용을 했다.

모이와댐에서 발전소에 이르는 도수로 공사와 댐 건설, 발전소 건설에는 40여 개의 다코베야와 신요베야에 속한 4천여 명의 일본인과 조선인 노동자가 노동에 종사했다. 일본 전국에서 생활고에 시달리던 일본인 노동자와 식민지 지배로 이국땅에 건너올 수밖에 없었던 조선인 노동자는 열악한 환경 속에서 가혹한 노동에 혹사당했다. 현장에서 목격한 지역 주민의 증언에 의하면 혹독한 노동에서 도망가다가 붙잡혀 삼태기에 맞고 생매장된 일본인 노동자도 있었다.

'모이와 희생자의 비'의 하단은 당시 현장에서 사용되던 곡괭이를 형상화했다.

다코베야는 일본 정부와 대기업에게는 채택하기 좋은 제도였다. 일본 정부는 값싼 노동력을 신속하게 동원해 공사를 수행할 수 있는 청부제도를 묵인해왔다. 정치헌금이나 담합금은 원청에서 중청, 다시 하청으로 이어지는 자금의 먹이사슬이 효과적이었기 때문이었다. 국방과 산업의 발전, 대륙 진출과 전쟁이라는 목적에도 적합했다.

하청 회사는 원청 회사가 청부받은 공사 예정 가격의 3할 정도에서 공사를 진행하는 일도 있었다. 공사 기한을 지키지 않으면 벌금을 지불해야 했다. 이 때문에 공사 현장에서는 하청 회사의 '다코베야' 노동자에게 저임금과 장시간의 가혹한 노동을 강제해야만 했다. 다코베야 노동은 감언이설에 속아 선급금을 받고 홋카이도로 온 혼슈(本州, 일본의 주도)의 가장 밑바닥 빈곤층과 실업자가 있었기에 유지될 수 있었다. 가혹한 노동에 시달리다 도망간 다코베야 노동자는 사기죄로 처벌을 받아야 했다.

조선인만으로 구성된 다코베야나 신요베야도 있었다. 조선인 노동자는 '다코'와 조선인이라는 이중차별 구조에 놓여 있었다. 차별은 지금도 존재하고 있다. 조선인에 대한 '헤이트 스피치'는 차별의 극단적 표현이다.

다코베야 노동은 아이누 등 소수민족, 죄수, 중국인과 조선인의 강제동원·강제노동 등과 함께 홋카이도에서 노동자에 대한 심각한 인권 침해가 이루어졌다는 사실을 알 수 있는 어두운 역사다.

모이와발전소에서 300미터 떨어진 곳에 모이와 희생자의 비가 자리 잡고 있다. 당시 작업도구인 곡괭이 4자루가 받침이 되어 희생자를 떠받치고 있다. 주위는 무궁화 다섯 그루가 둘러싸고 있고, 뒤로는 거대한 송신탑이 배경을 이룬다. '홋카이도전력 모이와발전소 건설 공사 희생자의 비를 세우는 모임'에서 1994년 6월 11일에 건립한 위령비다.

이 모임은 삿포로의 역사 속에 은폐된 인권 무시의 실태를 발굴하기 위해 1982년에 결성된 '삿포로 향토를 발굴하는 모임(札幌郷土を掘る会)'이 모태가 되었다. '발굴하는 모임'은 1987년 '홋카이도전력 모이와발전소 건

'모이와 희생자의 비' 뒤로 보이는 송전탑. 가혹했던 다코베야 노동의 기억을 불러낸다.

설 공사 희생자의 비를 세우는 모임'을 결성했다. 진정한 추도는 진상을 명확히 규명하고 책임을 밝히는 데에 있다는 인식에 공감하며 모임은 출발했다.

'발굴하는 모임'은 10여 년 동안 지역의 신문, 절에 있는 과거장, 지역 주민 등을 수소문해 희생자 명부를 작성하고, 공사 당시 다코베야와 신요베야의 위치를 파악한 지도를 만들었다. '발굴하는 모임'이 조사한 모이와발전소 건설 과정에서 희생된 노동자는 2010년 8월 22일 현재 사망자 38명, 생명 위독 2명, 행방불명 2명 등 모두 42명이다. 당시 신문과 과거장 등을 확인한 조사이기 때문에 생명이 위독한 사람의 결과는 확인하지 못했다.

사망자의 원인을 보면 학살에 의한 사망자가 10명에 이른다. 생매장을

감금, 체벌, 학살, 생매장이라는 가혹한 노동 조건에서 희생된 조선인 다코베야 노동자를 기리는 '모이와 희생자의 비'의 비문.

당한 사람도 있다. 사고사는 17명, 사인 불명은 11명이다. 이 가운데 조선인은 5명인데 조우식(36세), 박금수(29세), 성명불상의 3명은 사고사이고, 김승호(48세), 김상수(39세)는 사인 불명이다.

모이와 희생자의 비 석판은 당시 상황을 다음과 같이 설명하고 있다.

다코베야 노동자는 감금에 더하여 혹사까지 당하였으며, 쇠약해져도 약이 제공되는 경우가 드물었고 때로는 체벌까지 가해져 어떤 이는 생매장을 당하고 어떤 이는 학살되는 등 잔혹하고도 비인도적인 피해를 입었습니다. 또한 신요베야 노동자도 미흡한 안전 대책 탓에 낙반 사고 등으로 목숨을 잃었습니다.

머나먼 고향을 그리며 지쳐 쓰러져 아무도 모른 채 어둠 속에 묻혀 있는 희생자의 원통함을 풀기 위해서도 원인과 책임 소재를 적극적으로 규명해 가야 할 것입니다.

'비를 세우는 모임'은 모이와 희생자의 비가 역사를 바로 세우기 위한 삿포로 시민운동의 역사적 자산이라고 선언하고 '유지·보급하는 모임'으로 이름을 바꾸었다. 이들은 매년 6월에 열리는 추도식과 비의 청소 작업을 지속하고 있다. 모이와 희생자의 비 석판은 이렇게 마무리하고 있다.

여기에 우리들은 이 공사에 종사한 노동자의 노고를 기리며 많은 시민의 동참과 모금으로 이 비를 건립하여 희생자를 추모하는 동시에 두 번 다시 이러한 인권 침해가 자행되는 일이 없도록 진실을 후세에 널리 전하고

모이와발전소 부근 공원에는 홋카이도수력발전이 1961년에 건립한 '순난자의 비'가 있다.

이 역사를 가슴에 새겨 책임을 다해 나가겠습니다.

　모이와발전소 바로 가까이 가마야마하나신사 입구 모이와시타공원에는 '순난자의 비(殉難者之碑)'가 있다. 홋카이도수력발전주식회사가 1961년 8월에 건립한 위령비다. 비명은 '후지나미 오사무(藤波収)'의 휘호다. 후지나미는 1951년 홋카이도배전(北海道配電)과 일본발송전 홋카이도지점이 병합해 홋카이도전력이 창립되었을 때 초대회장을 역임했다.

모이와 희생자의 비
소재지　홋카이도 삿포로시 주오구 미나미30조 니시10초메 3(北海道札幌市中央区南30条西10丁目3)
건립일　1994년 6월 11일
건립자　홋카이도전력 모이와발전소 건설 공사 희생자의 비를 세우는 모임

2
고노마이광산(鴻之舞鉱山)위령비
– 홋카이도

 유빙(流氷)과 어업으로 유명한 홋카이도 북동부의 도시 문베쓰(紋別)시. 오오츠크해에 맞닿은 문베쓰시의 중심가에서 25킬로미터 거리에 고노마이(鴻之舞)가 있다. 일본 최고의 금 생산량을 자랑하던 고노마이광산이 자리 잡고 있던 지역이다. 모베쓰강(藻鼈川)과 도로를 따라 형성되었던 거리에는 고노마이광산이 최성기이던 1942년경 광산노동자와 가족 14,640명이 살고 있었다.
 과거 번성했던 거리의 모습은 어디에도 보이지 않는다. 사택들이 자리 잡고 있던 곳은 이제 무성한 숲이 되었다. 학교도, 극장도, 사택도 사라지고 목조건물의 흔적만이 과거 사람들이 살았던 곳임을 어렴풋이 느끼게 한다. 숲속 곳곳에 남아 있는 대형 굴뚝, 발전소 잔존물, 갱도 입구, 붉은 벽돌 건물 잔존물. 여름에는 무성한 나뭇잎에 가려 과거 사람의 흔적을 만나기는 더욱 어렵다.

구 가미모베쓰에키테이쇼에 전시되어 있는 고노마이 광산의 축소 모형.

고노마이에 광산이 있었음을 알리는 유일한 알림은 고노마이광산위령비다. 1989년에 스미토모금속광산주식회사가 건립했다. 비문에는 이렇게 적혀 있다.

고노마이광산은 1917년 2월 이후 스미토모에 의해 땀 흘려 가동을 해오면서 오랜 시간 동안 동양 최고의 대금광으로 구가되어 스미토모의 여러 사업을 강력하게 이끌어왔고 국가와 지역 사회에 큰 공헌을 해왔다. 그러나 광량의 고갈이라는 광산의 숙명에는 거스르기가 어려워 1973년 10월에 이르러 56년에 이르는 빛나는 역사를 마쳤다.

1900년 전후 고노마이에서 사금이 발견되면서 사금채취군들이 모여들

아직도 남아 있는 고노마이 광산의 갱도 입구

어 한때 '골드러시'를 이루었다. 1915년 모베쓰강 언저리에서 광상(鑛床)이 발견되면서 광구 설정에 대한 분쟁이 일어났다. 초기 소자본이 몰려와 자리를 잡았지만 사업자금이 부족한 상태라 매광하는 상황이 많았다. 벳시광산(別子銅山)을 소유하고 다른 광업 분야로 진출을 넘보고 있던 스미토모광업(住友鑛業)이 1917년 90만 엔에 매수하면서 본격적인 조업을 시작했다.

고노마이광산은 금·은·동 등을 산출했다. 이 중 금 매장량은 사도(佐渡)금광, 히시카리(菱刈)금광에 이어 일본에서 세 번째로 많았다. 1940년에는 금 2.5톤, 은 46톤을 생산했고, 1955년에는 금 2.98톤을 생산해 최고의 산출량을 기록했다. 1973년에 폐광을 할 때까지 금 72.6톤, 은 1,243톤을 산출했다.

고노마이광산의 '빛나는 역사'를 만날 수 있는 곳은 고노마이광산과 문베쓰 시가의 중간 지점에 자리 잡고 있는 구 가미모베쓰에키테이쇼(旧上藻別駅逓所)다. 에키테이쇼(駅逓所)는 홋카이도 개척시대에 교통이 불편한 곳에 숙소와 마차를 갖추고 숙박과 운송 등을 담당하던 시설이다.

구 가미모베쓰에키테이쇼는 고노마이광산의 역사를 전하는 금광석과 기자재를 전시하는 고노마이금산자료관(鴻之舞金山資料館)으로 2005년에 개관을 했다. 고노마이광산 출신 OB가 가미모베쓰에키테이보존회를 결성하여 관리 운영하고 있다.

스미토모가 인수한 뒤 본격적인 조업이 시작되어 출산량이 높아지면서 대금광의 기초가 다져졌다. 1937년 중일전쟁이 시작되면서 일본 정부는 군수물자를 구입하고 값을 지불하기 위한 대량의 금이 필요하게 되었다. 고노마이광산에는 과거보다 2.4배에 이르는 증산이 요구되었다. 탐광

굴뚝만이 고노마이광산이 있었음을 알리고 있다.

과 채광을 위해 제반 설비 공사가 진행되었다.

 하지만 전쟁이 확대되면서 자재의 조달이 어렵게 되었다. 광산노동자들도 징집의 대상이 되면서 노동력이 부족하게 되고 조업에 지장을 초래하기 시작했다. 고노마이광산은 겨울철 농한기를 이용하여 농민이 중심이 된 산업봉공대(産金奉公隊), 상공업 종사자를 모은 광산보국대(鉱山報国隊)를 조직해 홋카이도만이 아니라 아오모리(青森)와 아키타(秋田)에서도 노동자를 동원했지만 노동력 부족을 해소할 수는 없었다.

 스미토모는 기획원과 조선총독부에 노동자 보충을 요청했다. 일본 정부는 1939년부터 식민지 조선에서 조선인을 강제동원하기 시작했다. 조선인 동원과 관계된 기관은 고노마이광산 이외에 천안군청 사회계, 천안경찰서, 홋카이도청 학무부 직업과, 몬베쓰경찰서, 삿포로광산감독국, 홋

광부의 사택이 남아 있어 당시 고노마이광산에서 일하던 광부들의 생활을 상상할 수 있다.

몬베쓰시립박물관에 남아 있는 '쓰미토모금속광산주식회사 고노마이광업소' 간판

구 가미모베쓰에키테이쇼는 고노마이광산의 역사를 전하는 고노마이금산자료관이 되어 당시 사진과 물품들을 전시하고 있다.

카이도광산간화회, 오타루경찰서, 직업소개소, 수상경찰서 등 9개소였다.

10월 6일 오타루(小樽)에 입항한 512명 중 제1진 302명이 철도와 버스, 트럭, 도보로 다음날 고노마이광산에 도착해 제1, 제2 협화료(協和寮)에 수용되었다. 1942년 9월 22일 제23진 45명을 마지막으로 모두 2,589명의 조선인이 강제동원되었다. 이들은 7개의 협화료에 수용되어 강제노동을 해야 했다. 1942년 6월에는 갱내에서 일하는 일본인과 조선인 광부의 수가 역전된다. 조선인이 일본인보다 2배 많이 갱내에 배치되었다.

고노마이광산에 강제동원된 조선인의 직업은 빈농, 소작농 등 대부분 농촌 출신이었다. 연령별로는 20대가 64%를 차지했고, 30대는 22%를 차지해 20~30대가 86%로 대다수를 차지했다. 1944년부터는 점차 고령화된다.

고노마이광업이 작성한 '반도노무원통리요강'에 따르면 동원된 조선인들은 기초훈련과 기술훈련을 받도록 되어 있었다. 하지만 광산에 도착한 조선인들은 2~3일간 보안과 위생 등 간단한 교육을 받고 바로 갱내로 투입되어 채광(採鑛)과 운반을 담당해야 했다.

전쟁이 격화되자 갱내의 일본인 숙련공들이 동원되면서 조선인들은 충분한 교육을 받지도 못하고 갱내로 투입되었다. 갱내 근무자의 사고 실태를 살펴보면 일본인 갱내 근무자가 19.2%의 상해를 입은 데에 비해 조선인 갱내 근무자는 53.5%나 되었다. 증산 요청에 대응하기 위해 교육과 훈련을 소홀히 했기 때문이다.

고노마이광산에서 사망한 조선인은 47명으로 낙반이나 낙석, 갱내 화재, 추락 등 사고사가 대부분이다. 노동은 가혹했고, 생활은 혹독했지만 병사한 조선인은 적었다. 사인은 폐결핵이 가장 많았고, 심장병이나 전염

고노마이광산의 개산 100주년을 기념하여 건립한 기념비. 당시 고노마이광산의 지도와 광산의 모습을 기록하고 있다.

병도 있었다. 치료 불능이라고 판단되면 귀국을 시켰다. 고노마이광산 측이 사망에 대한 책임을 지지 않으려는 의도로 보여진다.

고노마이광산은 패전 후 1948년에 조업을 재개했다. 하지만 금값의 하락, 자원 고갈을 이유로 1973년 폐광했다. 50년이 지난 지금 거대한 광산 도시는 신기루처럼 사라졌다. 광산의 흔적들은 무성한 숲에 묻혀 버렸다.

위령비의 오른편으로 1917년 개산(開山) 100주년을 기념하기 위한 '고노마이광산 개산100주년기념비'가 새롭게 세워졌다. 왼편에는 광부의 채광 모습이, 오른편에는 번성기의 광산촌 모습과 지도가 그려져 있다. 기념비 뒤편의 비문에는 "전시체제하에는 정부의 산금장려책으로 비상 증산을 수행하여 동양 제일 금광으로 성장했다"고 밝혔다. 전쟁이 기업의 성장에 대단한 역할을 했음을 자인하고 있다.

고노마이광산위령비는 과거의 영광을 기록하고 있다. 비문은 이렇게 문장을 끝맺고 있다.

수많은 사람들이 이 광산의 사업에 관계되어 고락을 함께해왔지만 광산의 유지 발전에 기여한 고충과 노력을 결코 잊을 수는 없다.
이에 고노마의광산에서 불의의 재해를 만나 순직한 분들, 또한 이 광산에 관계해 사망하신 분들의 영을 위로하기 위해 이 비를 건립한다.

위령비에 기록되지 않은 숨진 조선인 노동자의 이름을 한 명 한 명 불러본다. "정태선, 박인서, 김홍석, 최상진, 전수남…."

고노마이광산위령비
소재지 홋카이도 몬베쓰시 고노마의모토초(北海道紋別市鴻之舞元町)
건립일 1989년
건립자 스미토모금속광산주식회사

3
조몬(常紋)터널공사순난자추도비
- 홋카이도

    차량도, 인적도 거의 없는 홋카이도의 2차선 국도 242호선. 이 길을 한참 달리면 긴카(金華)신사 부근 맞은편으로 조몬터널공사순난자추도비 입구라는 안내 간판과 만난다. 여간 눈길을 주지 않으면 그냥 지나쳐버릴 수 있는 곳이다.

    안내 간판에서 낡은 계단을 따라 오르면 이곳에 긴카소학교가 있었음을 알리는 표지석과 마주한다. 탁 트인 잔디밭 왼편으로 붉은 벽돌로 쌓은 탑과 마주한다. 조몬터널공사순난자추도비다. 비명 아래 곡괭이를 잡고 명상하고 있는 나신(裸身)의 다코노동자 조각상이 있다. 조몬터널 공사가 가혹한 노동에 시달리다 넋이 된 다코노동자의 산물이라는 것을 기리고 있다.

    1980년 11월 조몬터널공사순난자추도비건설기성회(期成会)와 루베시베초(留辺蘂町)가 함께 건립한 비문에는 이렇게 적혀 있다.

홋카이도 기타미시 긴카소학교 자리에 건립된 조몬터널공사순난자추도비. 가혹한 노동에 시달리다 넋이 된 다코노동자를 기리고 있다.

　조몬터널은 1912년부터 3년 세월에 거쳐 혼슈(일본의 주도)에서 모집된 사람들의 강제노동에 의해 건설되었다. 공사를 진행하는 동안 조악한 식사·중노동·린치 등에 의해 순난(殉難)당한 분들은 백수십 명이라 전해진다. 이 철도의 건립으로 무한의 혜택을 받고 있는 우리들은 억울한 죽음을 당한 분들을 추모하고 홋카이도 개척의 역사에 묻혀 있던 사람들의 공적을 길이 후세에 전하고 다시는 인간의 존엄성이 짓밟히는 일이 없도록 맹세를 다지기 위해 이 비를 건립한다.

　인간의 존엄이라는 민주주의 정신을 다시금 묻는 이 추도비는 일본 전국에서 4천 7백여 명의 모금으로 세워졌다.
　'홋카이도행 인원 모집' 광고와 알선업자의 감언이설에 속아 혼슈에서

홋카이도의 가미이소군(上磯郡) 기코선(木古線) 철도 공사에 동원된 다코노동자들
출처 : 石田廣, 「所謂監獄部屋の研究」, 『司法硏究』 제8집, 1928, 30쪽.

기코선 철도 공사에 동원된 다코노동자들의 숙소. '다코베야'라고 부른다
출처 : 石田廣, 「所謂監獄部屋の研究」, 『司法硏究』 제8집, 1928, 29쪽.

홋카이도로 온 노동자와 지역에서 고용된 노동자의 노동 내용은 엄청난 차이가 있었다. 다코노동자는 빨간 허리띠를 차고 삼태기에 80킬로그램짜리 시멘트통을 매고 일하다가 어깨가 까지고 상처에서 고름이 나기 일쑤였다. 식사는 오전 9시와 오후 3시에 현장에서 도시락으로 지급되었지만 반찬은 된장국뿐이었다.

다코베야는 '감옥숙소'라 불렸다. 숙소마다 8~10명의 다코를 관리하는 보우가시라(棒頭)라는 관리자가 있었다. 몽둥이로 때리면서 다코를 관리하던 보우가시라는 가장 두려운 존재였다. 조악한 식사 때문에 각기병을 앓거나 몽둥이에 맞아 쓰러진 다코노동자는 광차에 싣고 가서 땅을 파고 묻어버렸다는 증언도 있다.

홋카이도 다코베야의 기원은 홋카이도석탄철도주식회사의 철도 공사

조몬터널 부근 사용하지 않는 철로

이다. 이 회사는 석탄과 철도 두 사업을 병행하면서 철도 건설에 대자본을 투하해 1890년 5월 이와미자와(岩見沢)와 우타시나이(歌志内) 간의 철도인 유바리(夕張)선, 무로란(室蘭)선, 하코다테(函館) 본선 공사를 동시에 착수한다. 이들 노선은 2년도 안 되어 개통되었다.

이 공사는 일본 본섬의 가지마구미(鹿島組), 하야카와구미(早川組), 아베구미(阿部組) 등 대형 건설회사의 발주를 맡아 시공을 했다. 이 회사들의 노동제도가 홋카이도의 특수한 조건 속에서 감옥 강제노동이라는 잔혹한 노동방식으로 변화하게 된다.

일본 본섬 철도 공사의 함바 제도는 봉건적인 인간 관계에 기초하고 있었다. 하지만 홋카이도에서는 외부에서 노동 관계가 이식되면서 봉건적 집단 의식은 사라지고 일종의 노예적 노동관계로 탈바꿈했다. 1900년

조몬터널 공사 현장 부근에서 다수의 유골이 발굴되었다. 이를 기리는 공양제가 매년 치러진다.

대 초, 이 변질된 노자관계는 홋카이도 전역에 일반화된다.

아마시리(網走)와 유베쓰(湧別)를 연결하는 과거 유베쓰선 최대의 난공사 조몬 고개의 터널 굴착 공사는 이러한 다코베야의 노동자들에 의해 진행되었다. 표고 347미터, 길이 507미터의 조몬터널은 착공한 지 3년만인 1914년에 완성되었다.

개통 후 터널 내에서 종종 급정차 사고가 일어나 위령을 목적으로 조몬터널에서 루베시베초 쪽으로 약 1킬로미터 거리에 간와지장보살(歡和地藏尊)을 세웠다. 간와지장보살 뒤편 공터에서는 50위의 유골이 나왔다. 매년 6월 이를 기리는 공양제가 거행되고 있다.

1968년 도카치오키(十勝沖)지진으로 손상된 터널 내 대피소를 수리하던 중 벽돌 벽면 안쪽에서 두개골이 손상된 인골이 발견되었다. 이후 발굴조

도카치오키 지진으로 조몬터널 벽이 무너져 이를 보수하던 도중 인골이 발견되었다. 발굴조사를 통해 발굴된 유골들이 납골되어 있는 조몬터널순직자의 묘.

사를 통해 10위의 유골을 발굴했다. 발굴된 유골들은 루베시베초 공동묘지에 '조몬터널순직자의 묘(常紋トンネル殉難者之墓)'를 세우고 납골했다.

이 묘비에는 이렇게 적혀 있다. "홋카이도 동쪽 발전의 기초를 닦은 이름 없는 철도노동자, 이곳에 잠들다."

조몬터널공사순난자추도비

소재지   홋카이도 기타미시 루베시베초 긴카(北海道北見市留辺蘂町金華)
건립일   1980년 11월 16일
건립자   조몬터널공사순난자추도비건설기성회 루베시베초

조몬터널순직자의 묘

소재지   홋카이도 기타미시 루베시베초 미야시타초 공동묘지 내(北海道北見市留辺蘂町宮下町)
건립일   1980년 11월 16일
건립자   조몬터널공사순난자추도비건설기성회

4
나나쓰다테조혼비(七ツ館弔魂碑)
– 아키타

아키타현 하나오카(花岡, 현 오타테시大館市)는 강제동원된 중국인 노동자가 굶주림과 가혹한 노동, 비인도적 처우에 항의해서 봉기했다가 418명이 사망한 하나오카사건이라는 비극적인 사건으로 잘 알려져 있다.

전쟁 말기인 1944년 7월부터 강제동원된 중국인들은 '나카야마료(中山寮)'에 수용되었다. 가지마구미 하나오카출장소가 중국인 노동자들을 관리했다. 이들은 처음 고사이(鉱滓)댐 건설 공사에 투입되었다가 1944년 10월부터 하나오카강(花岡川) 수로변경 토목사업에 투입되었다. 하루 10시간에서 12시간에 이르는 장시간 노동, 기아와 영양실조, 학대와 폭행 등에 시달린 중국인 노동자에게서 사망자가 속출했다. 3차에 걸쳐 하나오카로 강제동원된 중국인 노동자는 모두 986명이다.

'인간의 존엄을 지키기 위해' 중국인 노동자 850명은 1945년 6월 30일 죽음을 각오하고 봉기했다. 일본인 지도원 4명, 일본인과 결탁한 중국인

하나오카사건으로 희생된 중국인 노동자를 기리는 중국 순국열사 위령의 비

1명을 살해하고 중상자 50여 명을 나카야마료에 남기고 탈출했다. 하지만 헌병대와 경찰, 지역 자경단 등에 의해 이들은 바로 진압되었다. 붙잡힌 중국인 노동자의 일부는 고문으로 사망하기도 했다.

하나오카사건의 생존자와 유족은 '하나오카수난자연의회(聯誼会)'를 결성하고 가해 기업인 가지마건설에 공식 사죄, 기념관 건설, 보상을 요구했다. 1996년 6월 소송을 제기했다. 가지마건설이 화해금 5억 엔을 중국 홍십자회에 신탁하여 '하나오카평화우호기금'을 설립한다는 내용으로 2000년 11월 29일 화해가 성립했다.

하나오카사건의 화해는 배상금, 기업의 사죄와 내용, 기념비의 건립, 기금의 운용방식, 피해자가 화해를 받아들이는 문제 등 많은 과제를 남겼고, 이후 강제동원 문제 해결을 위한 귀중한 교훈을 남겼다.

하나오카에는 동, 아연 등을 채굴하던 하나오카광산이 있었다. 1885년 발견된 하나오카광산은 1915년 후지타구미(藤田組. 이후 도와광업주식회사)가 인수해 경영을 했다. 후지타구미는 중일전쟁이 시작되면서 군수산업으로 주목을 받았다. 아시아태평양전쟁이 시작되자 군수공장으로 지정되어 2배에 이르는 증산을 해야 했다. 설비와 기계의 부족을 보충하기 위해 대규모 노동력을 투입해야 했다.

하나오카광산에는 중일전쟁이 시작되던 시기부터 조선인이 강제동원되었다. '가동공정표'에 의하면 하나오카광산이 최대의 노동력을 가지고 있었던 1944년 1만 3천 명 가운데 조선인이 4천 5백 명(연인원), 청부업자

하나오카사건에서 희생된 중국인 노동자의 유족들이 위령제가 끝난 뒤 오열하고 있다.

인부 1천 5백 명 가운데 8백 명이 조선인이었다. 1946년 일본 후생성의 조사에 따르면 후쿠다구미 1,908명, 도와광업(同和鉱業) 760명, 가지마구미 121명, 합계 2,789명으로 아키타현 내에서는 하나오카광산이 강제동원된 조선인이 가장 많은 현장이었다. 작업은 2교대 8시간 노동이었지만 식량 부족은 일상이었다.

1944년 5월 29일, 하나오카광산 나나쓰다테갱(七ツ館坑)에서 대 함몰사고가 일어났다. 나나쓰다테갱은 새로 개발된 유력 광맥으로서 도야시키갱(堂屋敷坑)과 지하 연락갱도로 연결되어 있었다. 연락갱도 위 지상에는 하나오카강이 흐르고 있어 강물이 침투되는 위험천만한 상태에 있었다. 회사는 나나쓰다테갱에 인간 운반용의 독자적인 시설을 설치해달라는 현장의 요구를 수용하지 않았다. 난굴한 후에 원상 복구도 하지 않는 등 갱

나나쓰다테갱이 있던 자리. 함몰사고로 갱내에 갇혀 있던 일본인과 조선인 노동자 22명이 생매장되었다.

내 안전은 완전히 무시되었다.

함몰사고가 일어나자 광산에서 일하던 140명 가운데 일본인 11명과 조선인 12명이 갱내에 갇혔다. 3일 주야로 진행된 구조 작업으로 조선인 한 명이 구조되었다. 갇혀 있는 노동자들은 갱내로 이어진 레일을 해머나 정으로 두드리면서 구조를 요청하고 있었다. 회사는 '시신만이라도 찾도록 해달라'는 노동자들의 가족과 동료들의 요청을 무시했다.

광업소 측은 갱도와 광상(鑛床)으로 피해가 파급되는 것을 우려해 6월 16일 광산감독국과 오다테 경찰서와 협의해 '조난자들은 순직한 것으로 보고' 갱내 구출 작업을 중지했다. 갱내 지반의 안전을 위해 대량의 토사를 주입했다. 살아 있을 수 있는 노동자 22명을 '생매장'했다. 매립 작업은 1951년 12월까지 6년간 총 8,000톤이 소요되었다.

도와광업은 『창업백년사』에 당시 상황을 이렇게 기록했다.

나나쓰다테갱이 갱내 복류수의 이상 출수로 갑자기 붕괴, 분출한 지하수는 흙탕물이 되어 순식간에 펌프실을 덮치고 연락갱도로 흘러들어 '도야시키 7번 갱' 이하를 모두 수몰시키는 예측불가의 재해가 발생, 붕괴 지역에서 22명의 숭고한 순직자가 나왔다. 하나오카 광산 역사상 참으로 통한을 금치 못하는 사건이었다.

도와광업 하나오카광업소가 작성해 다음해 1955년 1월 11일 외무성에 제출한 '나나쓰다테갱 함몰 재해 보고서'에는 사고가 불가항력적 재해라고 밝히고 있다. 사고 후 모든 조치는 감독 관청과의 협의하에 이루어졌고 순직자와 유족에 대한 보상을 완료했다고 밝혔다. 남겨진 과제는 순

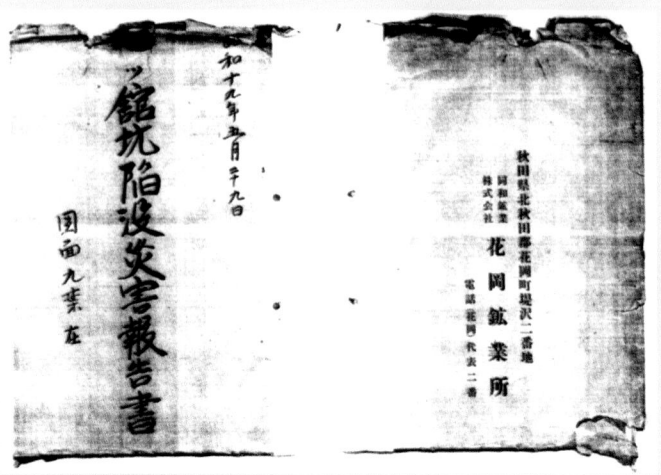

하나오카광업소가 외무성에 제출한 나나쓰다테갱 함몰 재해 보고서의 겉봉투
출처 : 차타니 주로쿠, 「「나나쓰다테 갱 함몰 재해 보고서(七ツ館坑陷没災害報告書)」: 외무성 소장 하나오카광산 나나쓰다테 관계 자료에 관하여」, 『韓日民族問題研究』 제26호(2014년 6월), 278쪽.

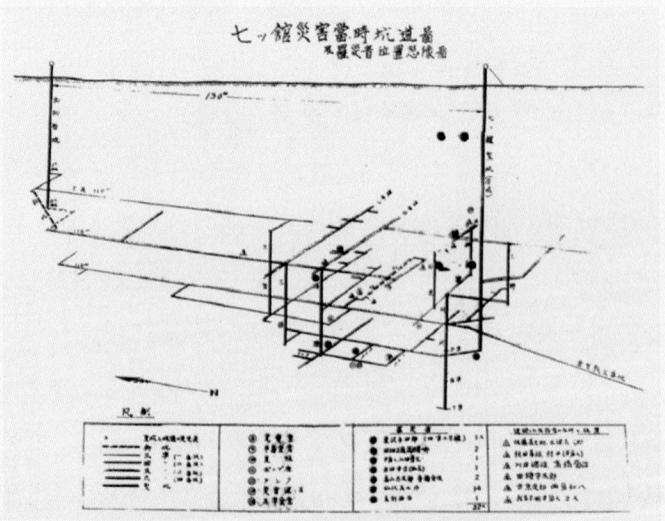

나나쓰다테갱 함몰 재해 보고서에 첨부된 재해 당시 갱도 그림과 이재자(罹災者) 위치 상상도 이 도면에는 생존자들의 위치와 조선인과 일본인 여부를 확인하고 있다.
출처 : 차타니 주로쿠, 「「나나쓰다테 갱 함몰 재해 보고서(七ツ館坑陷没災害報告書)」: 외무성 소장 하나오카광산 나나쓰다테 관계 자료에 관하여」, 『韓日民族問題研究』 제26호(2014년 6월), 279쪽.

직자의 유해·유골을 수습해 송환하는 것이고, 이는 가까운 장래에 실현될 것이라 강조하고 있지만 65년이 지난 지금도 이 약속은 실현되지 않고 있다.

'재해 보고서'는 순직자 22명 전원에 대해 직업, 이름, 나이, 본적지, 현주소를 기재하고 있다. 순직한 조선인 노동자는 모두 갱내에서 운반 작업에 종사했다. 연령별로는 20대가 4명, 30대가 3명으로 대다수를 차지한다. 19세의 희생자도 있었다. 7명이 경상북도 경산, 의령, 상주 등에서 동원되었다. 이 중 3명은 5월 8일에 배치된 이들로, 도착한 지 겨우 20일 만에 희생이 된 것이다.

함몰사고가 난 현장에 1947년 5월 29일에 나나쓰다테조혼비가 세워졌다. 이후 노천채굴 작업에 방해가 된다는 이유로 인근 신쇼지(信正寺) 묘지의 남쪽으로 이전되었다. 비의 정면에는 '나나쓰다테조혼비'라는 비명이, 뒷면에는 '1944년 5월 29일' 나나쓰다테 재해 순직자 이름이 일본 발음 순으로 적혔다. 갱내 운광부(坑內運鑛夫)였던 조선인 노동자 11명의 이름은 다음과 같다.

山田魯元(32), 金城奎宜(23), 安權永壽(41), 최태식(22), 星山殷載(19), 임병산(22), 商山峻庸(26), 江川龍伊(37), 石原点道(19), 夏山相佑(34), 오중갑(45).

나나쓰다테사건이라 불리는 이 사고는 증산 우선과 안전 무시의 생산체제가 만들어낸 인재였다. 희생자의 절반인 11명이 식민지 조선에서 강제로 동원된 조선인이었다. 사고 이후 후지타구미는 가지마구미 하나오카출장소에 하나오카강 수로변경 사업을 청부했다. 가지마구미가 강제 동원한 중국인 노동자가 이 공사를 담당했다. 하지만 가혹한 노동과 굶주림, 학대에 참다못한 중국인 노동자들이 봉기해 하나오카사건으로 이

하나오카사건 위령제에 참여했던 관계자들이 나나쓰다테조혼비 앞에서 추모제를 지내고 있다.

나나쓰다테조혼비 뒷면에는 함몰사고로 희생된 조선인 노동자 11명의 이름이 적혀 있다.

나나쓰다테갱 위로 흐르던 하나오카강은 중국인 노동자를 동원해 수로를 변경했다.

어진다.

강제연행 당한 조선인과 중국인의 인연은 일본의 패전 후에도 이어진다. 1949년 8월 김일수, 이종응 등 조선인이 오다테시 우바사와(姥沢)에서 흩어져 있던 중국인 유골을 발견해 유일화교민주촉진회(留日華僑民主促進会)에 알렸다. 이를 계기로 조사가 진행되었고, 결과가 신문에 보도되면서 하나오카사건이 일본사회에 알려지는 계기가 되었다. 이후에도 김일수 등은 중국인 희생자 유골의 봉환에 적극적으로 참여했다.

나나쓰다테조혼비
소재지   오다테시 하나오카마치 아자나나쓰다테25(秋田県大館市花岡町七ツ館25)
건립일   1947년 5월 29일
건립자   도아광업주식회사 하나오카광업소

5

히메관음(姬観音)과 조선인 무연불 위령비
– 아키타

다자와호(田沢湖)는 아키타현 센보쿠시(仙北市)에 있는 칼데라호이다. 최대 수심 423미터로 일본에서 가장 깊은 호수다. 혹한에도 얼지 않는다. 에메랄드 빛 호수를 배경으로 다자와호의 수호신 황금빛 다쓰코동상이 빛나고 있다. 다쓰코동상을 마주보며 다자와호 건너편에 우아하고 아름다운 자태의 히메관음이 서있다.

히메관음은 1939년 11월에 건립되었다. 히메관음 옆 안내판에는 "도호쿠지방 진흥을 위해 센보쿠 평야의 개척과 수력 발전에 다자와호를 활용하게 되면서 호수가 큰 변화를 겪게 되었다. 이 때문에 사라져가는 물고기와 호수의 신 다쓰코히메(辰子姬)의 영혼을 위로하기 위해 깨끗한 재물을 모아 히메관음을 건립한다. 신이시여, 큰 은혜를 내려주시옵소서"라고 적혀 있다. 사코(槎湖)불교회가 히메관음을 건립하면서 쓴 글이다.

히메관음은 다마강(玉川)도수로의 취수로 바로 옆에 세워져 있다. 당시 공사를 하던 노동자들의 함바가 있었던 자리다. 1990년 다자와지(田沢寺)에 보관되어 있던 '히메관음상건립취지서(姫観音像建立趣意書)'가 발견되면서 히메관음이 '사라져가는 물고기와 호수의 신 다쓰코히메'를 위한 것이 아니라 터널 공사로 희생된 공사 관계자의 공양과 위령을 위해서였음이 밝혀졌다.

덴다쿠지(田沢寺)의 주지 스가와라 소텐(菅原宗展)은 주변 절에 히메관음의 건립을 제안하고 모금 활동에 전력을 다했다. 그는 공사 중 사망한 조선인 노동자의 시신을 모셔와 경내에서 정성스럽게 공양을 지내고 무연총(無縁塚)을 만들기도 했다.

1938년부터 다자와호 주변에서는 오보나이(生保内)발전소, 센다쓰(先達)발전소, 나쓰세(夏瀬)발전소, 진다이(神代)발전소 공사가 진행되고 있었다.

다자와호는 혹한에도 얼지 않는 칼데라호로 일본에서 가장 깊은 호수다.

다자와호를 바라보고 서 있는 히메관음은 발전소 도수로 공사 중에 희생된 관계자들의 공양과 위령을 위해 건립되었다.

'도호쿠(東北)진흥정책'의 일환으로 도호쿠지방을 식량생산과 군수산업의 기지로 만들려는 국책사업이었다.

오보나이발전소 건설 공사는 1938년 2월에 착공해 1940년 1월에 운전을 개시했다. 완성에 2년이 채 걸리지 않았다. 오보나이발전소는 보통의 발전소와는 달리 댐을 만들지 않고 상류에 2개의 도수로를 건설했다. 다마강도수로는 1.87킬로미터, 센다쓰카와(先達川)도수로는 4.01킬로미터이다. 그리고 다고노키(田子の木) 취수구에서 발전소까지 도수로 2.63킬로미터를 건설했다. 이 공사는 착암기도 없이 모두 수작업으로 진행되었다. 착암기가 없었기 때문에 암반을 만나면 다이너마이트로 폭파시켜 굴삭 작업을 진행했다.

도수로 공사를 위해 식민지의 조선인 노동자들이 강제로 동원되었다.

1937년 다마강의 독수(毒水)를 다자와호에 도입한다는 발전 계획이 발표되자 호 주변의 주민들은 풍부한 호수의 어자원이 몰살되고, 생활 기반을 잃는다며 강력한 반대 운동을 전개했다. 하지만 도호쿠지방의 조그만 마을 주민들의 진정은 부국강병과 산업보국(産業報国)이라는 미명하에 무시되었다.

중일전쟁이 시작되면서 일본 국내의 노동력이 부족하게 되었다. 오보나이발전소 건설을 위한 도수로 공사에 식민지의 조선인 노동자를 강제 동원하기 시작했다. 공사는 동절기에도 쉬지 않고 강행했다. 조선인 노동자들은 굶주림과 추위 속에서 혹사당해야 했다. 병으로 쓰러지는 사람도 많았다. 발파 작업 등 위험한 작업에는 조선인 노동자를 동원해 폭파·낙반 사고로 조선인들이 희생되기도 했다.

오보나이발전소, 센다쓰발전소 등 다자와호와 관련된 공사에 강제동원된 조선인 노동자의 자료는 발굴되지 않고 있다. 하지만 센다쓰발전소·댐 건설에 관계했던 호리나이구미(堀內組) 센다쓰출장소의 명부를 통해 강제동원의 일부를 파악할 수 있다.

　센다쓰발전소는 센다쓰강에 취수댐을 건설하고 터널 수로 4.2킬로미터를 파서 150미터의 낙차를 이용해 발전한다. 최고 출력은 5,100킬로와트, 통상 출력은 2,200킬로와트의 기능을 갖추고 있다. 1943년 6월 19일에 착공해 1948년 12월 17일 영업 운전을 개시했다.

　센다쓰발전소 건설에 동원된 306명의 조선인은 거의 전라남도 출신이었다. 1944년 5월 15일 45명을 시작으로, '관알선'의 형태로 6차에 걸쳐 공사에 투입되었다. 21~35세가 189명으로 64.1%를 점하고 있었다. 13세

조선인 노동자들은 발파 작업 등 위험한 작업에 동원되어 희생이 많았다.

다자와호 부근 덴타쿠지에 건립된 조선인 무연불 위령비.

가 2명, 14세가 12명, 15세가 10명으로 소년들의 강제동원도 확인되고 있다. 심지어는 60~70대의 노인도 강제동원되었다. 이미 모든 전선에 패색이 짙어가고 있는 상황에서 건설 현장의 심각한 노동력 부족을 보충하기 위해 총력을 기울이고 있었다는 반증이다.

강제동원된 조선인 노동자 306명 가운데 259명이 일본 패전 후 10월 17일과 18일 양일에 걸쳐 인솔자 4명과 함께 기차로 야마구치현 센사키항(仙崎港)에 가서 배로 귀국했다. 명부에는 귀국 시 재일본조선인연맹의 요구로 근속년수 1년에 1천 엔의 퇴직 수당을 지급했다고 되어 있지만 생존 피해자는 전혀 받지 못했다고 기억하고 있다. 병으로 중간에 송환한 노동자는 38명이었으며, 도망자도 44명이나 나왔다. 1년이 넘는 기간 동안 22명의 부상자가 나왔고, 3명이 사망했다.

다자와호 주변 덴타쿠지(田沢寺)에는 조선인 무연불 위령비가 건립되어 있다. 주지 스가와라 소텐(菅原蒼天)이 무연고 유골에 대해 정성스레 공양을 드렸던 결과였다. '다자와코마치 착한 마음 모임'은 1990년 9월 절의 묘지 뒤편에 조선인 무연불 위령비를 건립했다.

"1940년에 완성된 다자와호 도수 공사에는 다수의 조선인들이 강제 노역에 동원되었다. 과거장조차 없는 조선인 무연고자가 덴타쿠지에 묻혀 있었다. 이에 그들을 위령하며 불행한 역사를 회고한다"라고 비문에 새겼다.

'착한 마음 모임'은 1999년 11월 조선인 무연불 위령비의 오른편에 '착한 마음의 비'를 세웠다. 덴타쿠지 28대 주지 스가와라 무네요시(菅原宗美)의 글씨로 비문이 새겨졌고, '기원의 형상 비둘기'라는 작품이 설치되었다.

조선인 무연불 위령비 오른편에는 혼이라도 자유롭게 고향을 왕래하기를 바라는 마음으로 '착한 마음의 비'가 세워져 있다.

20세기의 불행 때문에 고향에 돌아가지 못하고 이 땅에 잠자고 있는 조선인 무연불이 혼만이라도 고향으로 자유롭게 왕래하기를 바라는 마음을 담았다.

아키타현의 강제동원과 관련된 조사를 통해서 알게 된 구체적인 역사적 사실을 기록하고 다시 한번 희생된 조선인 노동자들을 기리기 위한 비였다. 명부 조사와 현장 조사, 그리고 피해자와의 만남을 통해 알게 된 역사적 사실을 추가해 비문에 새겼다.

센다쓰발전소, 나쓰세발전소 댐 공사에는 1944년 이후 강제연행된 조선인들이 강제 노역에 동원되었다. 이들 공사 중에 수많은 조선인이 희생되었다. 이 땅에는 결국 고국으로 돌아가지 못한 채 이국의 흙이 된 조선

조선인 무연불 위령비 비문은 발전소 건설을 위한 강제동원의 역사를 분명하게 기록하고 있다.

인 무연고자가 묻혀 있다. 가장 불행한 시대에 발생한 통한의 역사를 가슴에 새겨 정화하고자 모금을 통해 이 비를 세운다.

기록하지 않고, 기억하지 않는 역사는 불행한 역사를 반복한다.

히메관음
소재지 아키타현 센보쿠시 다자와코다자와 가타마에(秋田県仙北市田沢湖田沢潟前)
건립일 1990년 9월 23일
건립자 다자와코마치 착한 마음 모임

조선인 무연불 위령비
소재지 아키타현 센보쿠시 다자와코마치 다자와아제테라시타 60 조동종 류조산 텐타쿠사지 묘지 안
(秋田県仙北市田沢湖田沢寺下60)
건립일 1990년 9월 23일
건립자 다자와코마치 착한 마음 모임

착한 마음의 비
소재지 아키타현 센보쿠시 다자와코마치 다자와아제테라시타 60 조동종 류조산 텐타쿠사지 묘지 안
(秋田県仙北市田沢湖田沢寺下60)
건립일 1999년 11월 11일
건립자 다자와코마치 착한 마음 모임

6

죠반탄전(常盤炭田) 조선인 노무 희생자의 비
– 후쿠시마

죠반탄전은 후쿠시마현(福島県) 후나바군(双葉郡) 도미오카마치(富岡町)에서 이바라기현 히다치시에 이르는 해안 지대에 발달한 탄광 지대다. 홋카이도탄전, 규슈탄전에 이어 일본 3대 탄전으로 일컬어졌다.

후쿠시마현에는 1926년 6월 말 현재 이와키(磐城)탄광, 후지하라(藤原)탄광, 나코소(勿來)탄광 등에서 531명의 조선인이 광부로 일하고 있었다. 일본 공황의 영향으로 이와키탄광의 다카사키 갱이 폐광을 계획하면서 조선인 광부 60명을 포함한 가족 150명이 만주로 보내진다. 1933년에는 130명의 조선인 광부가 해고되기도 했다.

1930년 일본의 국세 조사에 의하면 후쿠시마현에는 1,802명, 이바라기현에는 945명이 거주하고 있었다. 이 가운데 탄광노동자는 각각 321명, 14명이었다. 이처럼 죠반탄전에는 1939년 이전부터 각 탄광의 조선 함바를 중심으로 조선인 노동자가 존재하고 있었다.

후쿠시마현 이와키시 쇼겐지에 있는 죠반탄전 조선인 노무 희생자의 비

    1920~1930년대 석탄산업의 합리화 과정을 통해 죠반탄전에서도 1930년대 전후로 30% 정도 광부 수가 줄었다. 이 과정에서 비숙련 노동력인 조선인 광부가 탄광에 유입되기 시작했다. 조선인 광부는 대부분 일본인 광부보다 저임금으로 소규모 탄광에 고용되었다.

    중일전쟁이 일어나자 군비 확장과 전쟁 수행을 위해 석탄의 수요는 급속히 늘어났지만 전선이 확대되어 광부들이 군에 징집되면서 탄광에서는 노동력이 부족한 상황에 처한다. 당시 일본 경제는 완전 고용의 상태였기 때문에 신규 광원의 충원은 쉽지 않았다. 농민의 징집과 군수공장의 노동 수요가 증가하면서 상당히 어려운 상태였다.

    석탄 독점자본은 생산의 애로를 타개하고 증산을 실현하기 위해 광원 수의 증원, 광부의 이동 방지, 대우 개선, 노동의 강화, 노동 시간의 연장 등을 필요로 했다. 채탄 작업 등을 위해 갱내에 투입하는 광부의 증원을 위해 우선 여성을 입갱시키고, 계속해서 조선인, 연합군 포로, 중국인 등 미숙련 노동력을 석탄산업에 동원했다. 다양한 미숙련 노동력의 동원은 출탄 능력의 저하를 초래해 다시금 대량의 노동력을 필요로 하는 악순환이 만들어졌다.

이러한 상황 속에서 후생성과 내무성, 그리고 조선총독부는 협의를 통해 조선인을 일본으로 보내기로 결정했다. 죠반탄전의 죠반석탄광업회는 1939년 5월 탄광회사에 구체적인 사항을 파악한 보고서를 제출하도록 지시하고 이를 정리해 후생성과 센다이(仙台)광산감독국에 보냈다.

일본 당국은 1939년 9월 시점에서 이와키, 이리야마, 후루카와요시마(古河好間), 다이니혼나코소(大日本勿來) 4개의 탄광에 1,200명의 동원을 허가했다. 가장 먼저 이와키탄광에 동원된 조선인 63명이 10월 1일 죠반선 즈즈라(綴)역(현 우치고內鄕역)에 도착했다. 10월 26일 이리야마탄광에 170명, 11월 12일 후루카와요시마 탄광에 46명이 조선반도에서 동원되었다. 1939년 11월 25일까지 죠반탄전에 동원된 조선인은 모두 1,038명이었다.

일본이 패전할 때까지 죠반탄전의 15개 탄광에는 조선인 2만여 명이 강제동원되었다. 이 가운데 죠반탄광만 1만 4709명으로 73%를 차지하고 있었고, 죠반, 후루카와, 다이니혼, 도호(東邦) 등 대형 4대 탄광회사가 1만 8454명으로 92%의 조선인 노동력을 사용하고 있었다.

1939년 가을부터 반도계(半島係) 형사가 주요 광산에 파견되었다. 죠반탄광과 이리야마탄광에는 조선에서 중학교를 졸업한 '반도통' 형사 2명이 배치되어 감시를 강화했다. 가족이 있는 사람은 광부 나가야(長屋)에, 독신자는 합숙료(合宿寮)에 수용되었다. 죠반탄광의 경우 반도료(半島寮) 한동에 2백~3백 명이 들어갔다. 숙소마다 4, 5명의 관리인이 있어 조선인이 몸이 아파도 일을 쉬게 하지 않았다.

숙소 주변에는 담을 세워 출입구는 하나만 두고 문을 지키는 사람이 있었다. 숙소의 사감은 만주나 일본에서 순사를 했던 사람이 많았다. 소위 공사판의 오야가타(親方). 작업반을 이끄는 우두머리로 몽둥이 등을 가지고 폭력을 일삼았다. 군대적인 집단 규율 훈련이 강제되었다.

조선인을 강제동원한 직후 죠반탄전의 조선인 광부 도주 비율은 규슈나 홋카이도보다 높았다. 1939년 9월부터 1940년 5월까지 죠반, 이리야마, 후루카와요시마, 다이니혼나코소 등 죠반석탄광업회 회원 광산의 조선인 광부 도주 비율은 25.3%로 규슈·우베(宇部) 16.9%, 홋카이도 12.1%보다 상당히 높았다.

죠반탄전에 동원된 조선인 광부는 대부분 갱내에서 일을 했다. 이와키 탄광의 경우 1943년 7월이 되면 조선인 광부(1,177명)가 일본인 광부(1,007명)보다 많아진다. 일본인 광부를 대신해 갱내 노동의 주역이 조선인이 되었다.

전쟁이 격화되고 전선이 확대되면서 중견 광부와 청년층의 광부들이 군에 소집되면서 광산의 일본인 광부는 고령화되었다. 반면 조선인 광부의 주력은 20대의 젊은층으로 구성되어 있었다. 하지만 조선인 광부 대부분은 석탄의 운반 등을 담당하는 후산(後山)이었다. 동원된 조선인이 대부분 탄광노동 미경험자였고, 일본어 해독 능력도 떨어졌다. 2년 계약 기간 중에도 도주가 속출했다. 이 때문에 채탄을 담당하는 선산(先山)을 양성하기에는 곤란한 상황이었다.

미숙련 조선인 갱내 인력의 증가는 채탄 능력의 저하, 자재 소비량의 증가만이 아니라 조선인 광부의 사망률이 증가하는 원인이 되기도 했다.

민족단체인 재일본조선인연맹이 1947년에 건립한 위령비는 죠반탄전의 여러 탄광에서 희생된 조선인 노동자 193명을 기리고 있다.

　강제동원된 죠반탄전의 조선인 노동자 사망자는 1939~1943년 누계로 136명이다. 이 가운데 죠반탄광만 115명이었고, 특히 구 이와키탄광의 사망자가 73명이나 된다. 같은 기간 조선인의 사망률은 일본인의 4배에 달했다. 조선인 사망률이 급상승하는 이유는 직종별 노동력 구성의 변화에 따라 대량의 미숙련 조선인 광부가 위험한 채탄 현장으로 내몰렸기 때문이다.

　죠반탄전조선인사망자명부에 따르면 1939년부터 1946년까지 죠반탄전에서 사망한 조선인은 모두 305명이다. 1944년에 가장 많은 87명의 사망자가 발생했고, 1945년에 82명이 사망했다. 죠반탄광의 사망자는 210명으로 동원 1만 4709명의 1.43%에 달한다. 열악한 작업 환경과 교육·훈

비문에는 "침략전쟁주의자들에게 붙잡혀 산업전사로 징용되어", "대동아공영권 획득이라는 야욕 아래 전쟁터에서 숨진 조선인 노무희생자"라는 사실을 명확히 표기하고 있다.

련의 미비, 무리한 작업장 투입 등의 영향으로 판단된다.

1940년부터 1945년까지 침략전쟁주의자들에게 붙잡혀 산업전사로 징용되어 감히 그럴싸한 미명을 내건 대동아공영권 획득이라는 야욕 아래 전쟁터에서 숨진 조선인 노무희생자들이 있었다.

이와키시의 쇼겐지(性源寺)에 있는 '죠반탄전 조선인 노무희생자의 비'의 비문 앞부분이다. '죠반탄광 조선인 노무희생자 위령제 실행위원회'가 1947년 10월에 세운 이 위령비는 죠반탄광 심기복 외 28명, 후루카와탄광 김백수 외 30명, 다이니혼탄광 김종덕 외 12명, 닛소아카이(日曹赤井)탄광 최연변 외 8명, 다이쇼(大昭)탄광 윤장금 외 1명, 오다(小田)탄광 □재은 외 8명

이와키시 묘가쿠지에 있는 만령공양지탑

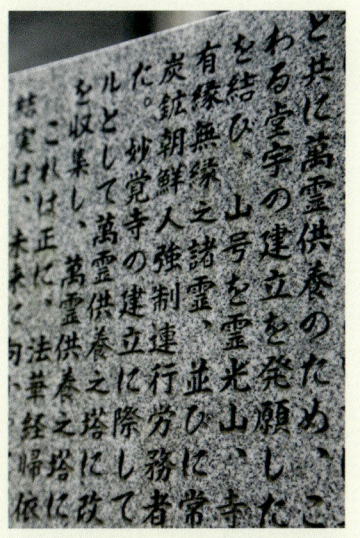
만령공양지탑은 죠반탄광 조선인 강제연행 노무자들의 넋을 공양하고 있다.

등 모두 193명의 희생자를 기리고 있다. 사망자 명부와는 차이를 보이고 있다.

재일본조선인연맹 후쿠시마현 이와키지부, 재일본조선인 민주청년동맹 후쿠시마현 이와키지부 등 동포단체와 관계 탄광과 동부석탄광업회가 후원해 세운 '죠반탄전 조선인 노무희생자의 비'는 "설비도 완비되지 않은 일터에서 밤낮으로 혹사당하다 결국 아까운 청춘에 요절했으니 실로 처참하기 그지없다. 이번에 조선인연맹 이와키지부와 탄광 관련 단체들은 청년들의 비통함을 영원히 슬퍼하고 인류 역사의 교훈으로 삼고자 이 비를 세웠다"라며 위령비의 건립 목적을 밝히고 있다.

죠반탄전으로 강제동원된 조선인들은 엄격한 감시와 통제 속에 놓여 있었다. 하지만 조선인 노동자들은 이에 저항하기 시작했다. 1939년 10월 27일 이와키탄광에서 150명이 갱내 작업이 위험하다면서 입갱을 거부했다. 11월 19일에는 강제 저축의 반환을 요구하며 입갱을 거부했다. 강제 저축 때문에 임금이 제대로 지불되지 않다는 항의 행동이었다. 12월 18일에는 동포가 갱내에서 사고로 사망하자 13명이 입갱을 거부하며 항의했다. 강제동원된 조선인들은 사망 사고, 임금 미지급, 강제 저축 등에 항의해 귀국을 요구하는 투쟁을 계속했다.

강제동원된 조선인 광부는 도주, 태업, 재계약 거부 등 비폭력적 저항만이 아니라 파업이나 폭력행동을 수반하는 적극적인 투쟁을 전개하기도 했다. 1940년 1월 24일에는 사적인 형벌로 동포가 병사하자 430명이 일제 파업을 하고, 노무계를 폭행해 경찰이 일본인 2명, 조선인 2명을 검거했다. 1941년 6월 8일 후루카와요시마탄광에서는 식사량을 줄이자 증량을 요구하며 165명이 파업했지만 경찰에 진압되었다.

이와키시에는 1995년 6월에 건립된 또 하나의 위령비가 있다. 유모토마치에 있는 화장장이 폐쇄되면서 방치된 가마와 굴뚝 주위에 미세한 유골들이 무수히 흩어져 있었다. 이 유골들을 수습해 화장장 굴뚝 아래 모으고, 굴뚝을 공양탑으로 보존하고 절을 세웠다. 묘카쿠지(妙覺寺)다.

1995년 탑 옆에 비를 세우고 '죠반탄광 조선인 강제연행 노무자 일동의 정령'이라 새겼다. 인명 경시가 더 나은 사회 건설에 장애가 될 것을 염려하여 만령공양(萬靈供養)을 위해 건립한다는 경과를 기록했다. 비문은 "이후 옛 화장장과 관련된 유연·무연고 시신, 죠반탄광 순난자들, 그리고 죠반탄광 조선인 강제연행 노무자들의 넋을 영원히 공양하게 된다"고 공양의 대상을 분명하게 밝히고 있다.

죠반탄전 조선인 노무 희생자의 비

소재지 후쿠시마현 이와키시 다이라 나가하사마치 23 쇼겐지(福島県いわき市平長橋町23)
건립일 1947년 10월 22일
건립자 죠반탄광 조선인 노무희생자위령제실행위원회

만령공양지탑(萬靈供養之塔)

소재지 후쿠시마현 이와키시 죠반유모토마치 게이세이 88-2 묘카쿠지(福島県いわき市常盤湯本町傾城88-2)
건립자 레이코잔 묘카쿠지 3대 주지 시중원일유
건립일 1995년 6월

7
오고우치(小河内)댐 위령비와 순직자의 비
– 도쿄

　오고우치댐은 약 1억 8540만 세제곱미터의 저수 능력을 자랑하는 일본 최대의 수도 전용댐이다. 도쿄도의 독자적인 수원(水源)으로 도쿄 시민에게 안정적인 수돗물을 공급하는 역할을 담당하고 있다. 오고우치댐이 건설되면서 만들어진 오고우치저수지는 오쿠타마호(奥多摩湖)로 불리며 거대한 호반의 풍광을 제공하고 있다.

　당시 도쿄시의회는 미래의 대도쿄 실현을 예상하고 수도 사업의 백년대계를 수립하는 차원에서 오고우치댐의 축조를 구상했다. 1926년 후보지 조사가 시작되었다. 수량과 지질 등을 조사해 도쿄부 니시타마군(西多摩郡) 오고우치무라(小河内村)를 최적지로 선정했다.

　댐 건설의 목적은 증가하고 있는 도쿄도민에게 안정적인 수돗물 공급과 물을 이용한 발전을 위한 다마가와(多摩川)제1발전소의 건설이었다. 콜레라를 예방하기 위한 근대 수도의 확립도 도모하고 있었다.

도쿄는 1931년 오고우치저수지 건설 계획을 발표했다. 하지만 수몰 예정 지역이 된 오고우치무라의 반대와 지역 수리 조합의 강력한 반대로 댐 건설은 진전되지 못했다. 1935년 수몰 예정 지역인 오고우치무라, 다바야마무라(丹波山村), 고스게무라(小菅村)의 주민 1천여 명이 댐 건설 중지를 요구하며 도쿄에 와서 항의하다 경찰과 충돌을 하기도 했다.

오랜 협상 끝에 수리 조합과의 분쟁이 조정되고, 수몰 예정 지역 945세대의 이전에 합의가 이루어지면서 1938년 11월 기공식을 갖고 본격적인 댐 건설이 시작되었다. 골재 생산 공사는 니시마쓰구미(西松組)가, 콘크리트 타설 공사는 가지마구미(鹿島組)가 담당했다. 당시 일본은 제방 높이 150미터급의 댐을 건설한 경험을 갖고 있지 못했다. 설계시공을 위해 1936년에 완공된 미국의 후버댐 건설보고서를 입수해 참고했다.

도쿄도 오쿠타마에 있는 오고우치댐. 준공 당시에는 수도용 저수지로는 세계 최대 규모였다.

도쿄도민에게 식수를 공급하는 오쿠타마호는 현재도 수도 전용 저수지로는 일본 최대 규모이다.

　1943년 10월 제2차 세계대전이 격화되면서 공사가 중단되었다. 오고우치댐은 1948년 10월 다시 공사가 재개되어 1957년 11월에 준공되었다. 16년간 연인원 60만 명의 노동자가 동원되었다. 완성된 오고우치댐은 세계 최대의 수돗물 전용 댐이다.

　도쿄도 수도국은 1958년 3월 20일 건설 공사 중 사망한 노동자의 위령제를 개최하고, 위령비를 제막했다. 기공식부터 1943년 10월까지 공사에서 25명, 전쟁 후 공사에서 62명, 모두 87명이 희생되었다. 조선인은 모두 6명이 희생되었다. 낙반과 전락(轉落) 사고로 사망했다.

　오고우치댐이 건설되던 시기 오고우치무라에는 1,341세대가 거주했다. 오무기시로(大麥代) 지구에는 101세대의 조선인 부락이 형성되어 있었다.

　위령비는 오고우치전망대를 지나 전망광장 입구에 오쿠타마호를 바라보고 서있다. 대리석으로 건립된 6미터 높이의 위령비 뒷면에는 순직자 87명의 이름이 새겨져 있다.

오고우치댐을 건설하는 과정에서 87명의 노동자가 희생되었고, 이 중 조선인 노동자는 6명이다.

위령비에 새겨진 6명의 조선인 순직자 이름은 다음과 같다.

한명수, 조종훈, 박두석, 김화선, 진춘명, 청원고길(清原考吉).

1927년 무라야마(村山)저수지가, 1934년 야마구치(山口)저수지가 완성되면서 다마호(多摩湖)가 조성되었다. 전쟁이 격화되면서 오고우치댐 건설이 중단되자 도쿄도 수도국은 현장의 노동자들을 주변 제방의 둑 돋우기 공사와 방공호 공사에 동원했다. 미군의 공습으로 파괴될 수도 있다는 우려 때문이었다. 하무라야마구치(羽村山口) 경변(軽便) 철도를 부활시켜 모래를 운반해 제방의 둑 돋우기 공사와 콘크리트 보강 공사를 했다.

1930년대 야마구치저수지 건설 공사 현장
출처 : 야마구치저수지 현장 안내판

다마노우미신사에 있는 순직자의 비에는 창씨개명한 조선인 노동자 2명의 이름이 남아 있다.

다마호 주변에 있는 다마노우미(玉湖)신사는 물의 신을 모시는 신사로 1934년에 건립되었지만 현재는 거의 폐사가 되어 있는 신사다. 이곳에 무라야마저수지와 야마구치저수지의 둑 돋우기 공사를 하다 순직한 노동자 4명을 기리는 '순직자의 비'가 있다. 일본이 패전한 1945년 10월에 건립되었다. 이 순직비의 뒷면에 '본적 조선'이라 표기한 조선인 노동자 2명의 이름이 새겨져 있다.

승촌신길(勝村信吉) 27세, 안원규섭(安原奎燮) 22세.

도쿄도민을 위한 수돗물을 공급하고 절경의 풍광으로 시민들에게 휴식처를 제공하고 있는 오쿠타마호와 다마호에도 조선인 노동자의 피와 땀이 새겨져 있음을 기억한다.

오고우치댐 위령비
소재지 도쿄도 니시타마군 오쿠타마마치 하라(東京都西多摩郡奧多摩町原)
건립일 1958년 3월 20일
건립자 도쿄도 수도국

순직자의 비
소재지 도쿄도 히가시야마토시 다마코마치 3(東京都東大和市多摩湖町3)
건립일 1945년 10월 28일
건립자 도쿄도 수도국

8
싱가포르 창이 순난자 위령비
-도쿄

1945년 8월 15일 정오, 일본 히로히토 천황이 '종전조칙(終戰詔勅)'을 낭독했다. 종전을 선언한다는 의미였지만 일본의 패전을 알리는 천황의 육성이었다.

연합군총사령관 맥아더는 도조 히데키(東条英機) 전 내각총리대신 등 전쟁범죄자를 체포하도록 명령했다. 1945년 9월 11일 도조 등 43명을 시작으로 1948년 7월 1일까지 2,636명의 체포영장을 발부, 2,602명의 용의자를 체포해 기소했다.

연합군최고사령부(GHQ)는 도조 등 일본의 지도자 28명을 도쿄의 이치가야(市ヶ谷)에 설치된 극동국제군사법정에 세웠다. 이들은 '평화 애호 국민의 이익 및 일본 국민 자신의 이익을 훼손'하고 '침략 전쟁'을 일으키는 '공동 모의'를 '1928년 1월 1일부터 1945년 9월 2일'에 걸쳐 함으로써 평화에 대한 죄(A급 전범), 인도에 대한 죄(C급 전범), 통상의 전쟁범죄(B급 전범)를 범한 전쟁범죄자였다.

이와 별도로 BC급 전범은 연합군최고사령부가 요코하마(横浜), 마닐라 등 세계 49곳에 설치한 군사법정에서 다루었다.

영국군을 중심으로 한 연합군 동남아시아사령부는 1946년 5월 8,900명을 체포했고, 소련군과 아시아 각국에서도 전범자를 체포했다. 1946년 10월 상순까지 일본 이외의 해외에서 체포된 전범자는 1만 1천 명을 넘었다.

BC급 전범 중에는 일본의 식민지였던 조선과 대만의 조선인과 대만인도 있었다. 조선인이 148명, 대만인이 173명이었다.

연합국은 일본의 전쟁범죄 가운데 포로 학대를 중요시하고 있었다. 일본군은 동남아시아 각지에 설치한 포로수용소의 감시원으로 조선인과 대만인 군속으로 충원했다. 연합국은 조선인과 대만인을 일본인으로 취급했고, 상관의 명령에 따른 책임을 면제시키지 않았다.

일본이 제네바조약의 준용을 연합국에 약속했지만 이에 따른 처우를 하지 않았기 때문에 조약에 반하는 명령·처우의 실행 책임을 말단인 군속에게 물었다.

조선인 전범 가운데 군인은 3명으로, 1명은 홍사익 중장이고 나머지 2명은 지원병이었다. 통역이었던 조선인 16명이 중화민국 국민정부의 재판을 받았고, 이 가운데 8명이 사형에 처해졌다. 나머지 129명 전원은 타이, 자바, 말레이 등의 포로수용소에 군속으로 배치된 포로감시원이었다.

일본군 조직 맨 밑바닥에서 포로의 통제와 관리는 감시원의 일이었다. 조선인 군속은 포로가 날마다 마주하는 일본군이었다. 일본군은 '살아서 포로의 수치를 당하는' 것을 최대의 치욕으로 생각했다. 적군에게 잡힌 포로를 연합군 군인들은 전력을 다해 싸운 명예로운 존재로 인식하고 있었다. 1929년 일본은 제네바조약에 서명했다. 하지만 일본군은 박애의 마음으로 포로의 인격을 존중하고 명예를 중시하지 않았다. 포로에 대한 열악한 수용소 위생 환경, 배급 식량 부족, 강제노동 등에 대한 책임을 포로감시원에게 물었다.

육군대신 시모무라 사다무(下村定)는 포츠담선언에서 포로 학대를 중요한 전쟁범죄로 연합국이 주목한다는 것을 인지했다. 그는 1945년 9월 17일 '포로 취급과 관련, 연합국 측의 심문에 대한 응답 요령 등에 관한 지시'를 내렸다. 연합국 측이 포로 학대의 책임을 물을 경우 '포로 학대의 원인은 수용소가 조선인과 대만인에 의해 조직되었고, 그들의 낮은 교육 수준이 포로 학대를 유발한 원인임을 명확히 밝힐 것'이라는 지시였다.

일본 육국성은 1942년 포로수용소 200여 곳의 26만여 명에 이르는 포로를 '군사상 노무에 이용할 것'이라는 '포로처리요령'을 하달했다. 일본 국내는 일본군 상이군인이 담당했다. 동남아시아의 포로수용소는 조선과 대만에서 군속으로 모집한 포로감시원을 보냈다. 조선에서는 3,016명의 젊은이가 모집되어 부산의 노구치부대에서 2개월간 훈련을 받고 동남아시아의 포로수용소에 포로감시원으로 보내졌다.

포로감시원으로 타이 포로수용소에서 종전을 맞이한 이학래는 전범자 '대면 지목'의 순간을 다음과 같이 기억했다.

아침이 되자 영국·오스트레일리아·네덜란드의 전 포로가 서른 명가량 왔고, 영국, 오스트레일리아, 네덜란드 순으로 여섯 군데에 '대면 지목 장소'가 설치되었어요. 대면 지목은 엄중한 경계 속에 우리가 일렬종대로 나아가는 형태로 진행되었어요. 이 여섯 군데를 무사히 빠져나가야만 했어요. … 그날은 약 쉰 명이 지목되었는데 저도 그 속에 포함되고 말았어요.

그는 싱가포르 창이형무소로 이송되어 취조를 받고 전범으로 기소되었다. 이후 기소가 각하되면서 1946년 12월 24일 석방되어 귀국길에 올랐다. 하지만 1947년 3월 20일 홍콩에서 다시 체포되어 창이형무소로 이송되었다. 오스트레일리아 관할 재판에서 사형 판결을 받았지만 11월 7일에 20년으로 감형되었다. 하루아침에 천국과 지옥으로 오갔던 이학래는 도쿄의 스가모 프리즌에서 옮겨졌다.

그는 스가모 프리즌에서 '한국 출신 전범 동진회'를 결성하고 하토야마 이치로 수상에게 조기 석방, 생활 보장, 유골 송환을 요구하는 요청서를 보냈다. 현재까지 일본 정부의 사죄와 보상을 요구하며 지속적인 투

도쿄의 이케가미에 있는 쇼우에이인 묘켄도로 오르는 계단

'싱가포르 창이 순난자 위령비'는 군사재판에 전범으로 회부되어 처형된 129명을 기리는 위령비다.

BC급 전범이 된 포로감시원의 임시군속훈련소였던 부산시민공원 역사관에는 BC급 전범에 관한 기록물이 전시되어 있다.

쟁을 전개해오고 있다.

도쿄의 이케가미에 있는 쇼우에이인(照栄院) 묘켄도(妙見堂)에는 '싱가포르 창이 순난자 위령비'가 있다. 싱가포르 지역에서는 146명의 군인·군속이 군사재판에 전범으로 회부되어 129명이 처형되었다. 부속비에는 이렇게 쓰여 있다.

대부분이 잘못된 전쟁의 희생자로 이러한 비운에 울 수밖에 없던 사람들이었다. 더욱이 이들은 조국에 버림받은 채로 자연스럽지 못한 '죽음'을 앞두고 고뇌하고 또 고뇌하였으며 결국 '내 죽음이 조국 건설에 도움이 될 수 있다면, 또 세계 인류의 평화로도 이어진다면'이라고 절규하며 산화하였다.

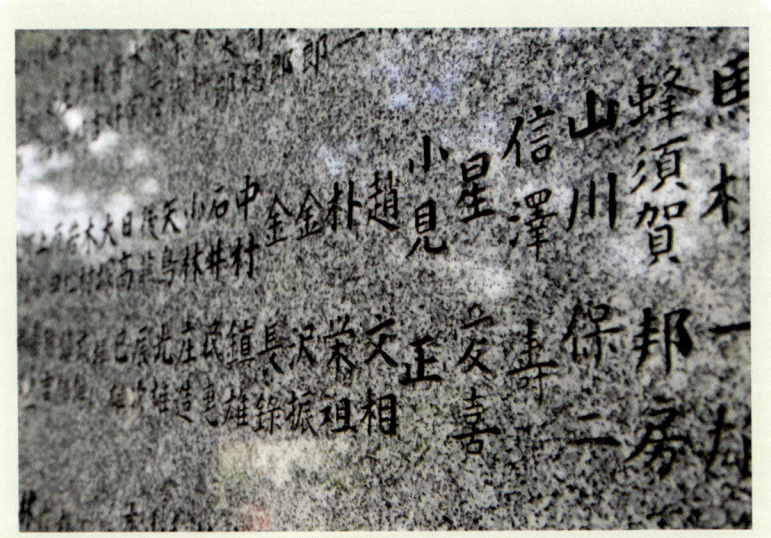

창이형무소에서 형장의 이슬이 된 조선인 BC급 전범 15명의 이름이 '싱가포르 창이 순난자 위령비'에 각명되어 있다.

'잘못된 전쟁'의 순난자가 된 BC급 전범들. 위령비 뒤로 '순난자들'이 처형된 날짜순으로 각명되어 있다. 그중에는 조선인과 대만인도 있다. 창이형무소에서 형장의 이슬이 된 BC급 전범 조선인은 15명이다.

김영주, 강태협, 장수업, 김귀자, 천광□, 조문상, 박영조, 김택진, 김장록, 박영준, 박□□, 변□□, 박□□, 최□□, 박정언.

싱가포르 창이 순난자 위령비
소재지 도쿄도 오타구 이케가미 1-31-10 쇼우에이엔 묘켄도(東京都大田区池上1丁目31-10)
건립일 1983년 4월 11일
건립자 싱가포르 창이 순난자 위령비 건립 협찬회(協贊会)

9

도쿄도 위령당(東京都慰霊堂)
– 도쿄

도쿄도 료코쿠(両国) 요코아미초(横網町)공원에 자리 잡고 있는 도쿄도 위령당. 시작은 1923년 9월 1일에 발생한 간토(関東)대지진 때 신원불명의 유골을 모아 사망자를 기리기 위해 창건된 진재기념관(震災記念堂)이었다.

요코아미초공원은 간토대지진 당시 구 일본 육군의 군복을 만들던 피복창(被服廠)의 공장과 사무소가 있던 지역이었다. 재개발이 예정되어 빈터가 되어 있던 장소로 4만여 명이 피난해 있었다. 소형 태풍이 지나면서 도쿄에도 풍속 20미터 이상의 남풍이 휘몰아치면서 '화재 선풍(旋風)'이 피난민을 습격했다. 회오리 같은 화마가 오후 4시경부터 약 두 시간 동안 지속되었다. 선풍에 휘말린 사람들은 까맣게 탄 주검이 되어 거리를 메웠다. 희생자는 약 3만 8천여 명으로, 간토대지진 때 발생한 도쿄 전체의 사망자 5만 8천여 명의 65%에 이르는 엄청난 숫자다. 다음날부터 시신과 유골을 수습하기 시작했다. 10일 동안 수습한 유골의 산은 3미터를 넘었다.

같은 해 11월 진재기념사업협회가 설립되어 위령당 건설을 위한 모금을 시작했다. 전통 양식이지만 콘크리트 건축물인 위령당과 납골당인 3중탑(三重塔)은 7년 뒤인 1930년 9월에 완성되었다.

도쿄도위령당 뒤에 자리한 납골당 3중탑

1923년 9월 1일 11시 58분 44초에 진도 7.9의 강진이 간토 지역에 엄습했다. 여진은 5회가 더 있었다. 갑작스러운 지진이 가져온 떼죽음과 파괴의 충격은 사람들을 불안과 분노에 휩싸이게 만들었다. 통신은 두절되고, 도쿄의 언론사 대부분이 파괴되면서 정확한 정보가 유통되지 못하는 상황이었다.

불안이 증폭되면서 유언비어가 돌기 시작했다. 조선인이 폭동을 일으켰다는 것이다. '조선인이 방화하고 있다', '조선인이 우물에 독을 넣었다'

는 내용의 유언비어의 시작은 경찰이었다. 1일 저녁부터 조선인이 방화를 했고, 살인을 했다는 유언비어를 경찰관들이 퍼트리기 시작했다. 일본군도 유언비어를 적극적으로 유포했다. 내무성 경보국장과 사이타마현 내무부장이 조선인 체포 지령을 내렸다.

11시 58분에 멈춘 시계

9월 2일 도쿄시와 인접 군(郡)에 계엄령 포고를 시작으로 3일에는 도쿄부와 가나가와현에, 4일에는 사이타마현과 지바현에 계엄령이 포고되었다. 유언비어에 뒤이어 군대 출동과 계엄령 포고는 조선인에 대한 일본 민중의 박해와 학살을 더욱 촉진시켰다. 재향군인, 청년단원, 소방단원으로 조직된 자경단원들의 조선인 학살은 무자비했다. 학살의 현장을 목격한 사람들이 증언을 남겼다.

가와메 데이지(河目悌二)가 그린 '조선인 학살도'
출처: 『関東大震災95年 描かれた朝鮮人虐殺と社会的弱者-記憶・記錄・報道-』, 高麗博物館, 2018, 1쪽.

끈으로 몸이 결박된 조선인이 강에 빠져 죽어 있었습니다. 10여 명 정도의 조선인이 모두 묶여져 있고, 3명씩 많게는 10명 정도가 함께 발이 조금 연결되어 있구요. … 생존해 있는 사람을 처박아놓았기 때문에 물을 먹어 배가 부풀어 오르고 몸에는 아무것도 걸치지 않은 나체였지요.

피복창터 안의 다소 넓은 공간에서 비참한 광경을 목격했다. 10명 정도의 사람들이 피투성이가 된 4명의 조선인을 철사로 묶고 한 되나 되는 석유를 부었다고 생각하는 순간, 거기에 불을 붙였던 것이다. 타오르는 불길에 몸부림치며 뒹굴면, 이번에는 손에 들고 있던 부지깽이로 짓눌렀다.

일본 내무성 경보국은, 조선인 사망자는 231명, 조선인 중경상자는

43명, 중국인 사망자는 3명, 조선인으로 오해받아 살해당한 일본인 59명, 조선인으로 오해받은 일본인 중경상자는 43명이라고 발표했다. 하지만 도쿄 일대 지역별 조사를 토대로 『독립신문』은 1923년 12월 5일 '1만 명의 희생자'라는 제목의 기사에서 6,661명의 조선인이 피살되었다고 보도했다. 일본 당국의 사실 조작과 은폐 때문에 희생자에 대한 정확한 조사는 아직까지 이루어지지 못했다.

도쿄도부흥기념관에는 간토대지진 당시 사진들이 진열되어 있다.

10만 명 이상의 사상자를 낸 대참사 간토대지진. 이 대참사 뒤에 조선인에 대한 무차별 학살이라는 검은 그림자가 숨겨져 있었다. 행정과 군이 직간접으로 간여하고 방조한 학살의 역사인 것이다. 그리고 유언비어에 선동되어 평범한 사람들이 조선인 학살에 손을 담갔다.

도쿄도부흥기념관에는 미군의 공습으로 인한 피해 지역을 그린 지도와 함께 당시 현장 사진이 전시되어 있다. 일본 경시청 자료에 의하면 1944년 11월부터 종전 때까지 9개월 동안 4천3백 대의 폭격기가 1만 발 이상의 포탄과 38만 발 이상의 소이탄을 도쿄에 투하했다.

최근 한류 붐의 물결 속에서도 '넷우익'을 넘어선 험한 데모가 목소리를 높여간다. 도쿄의 코리안타운인 신오쿠보에서 일장기와 욱일기의 물결, 일본군 복장의 사람들이 행진한다. '조선인은 나가라', '쳐 죽여라'라는 격양된 구호 속에 '불령선인(不逞鮮人)'이라는 글자를 읽을 수 있다. 1923년 조선인 대학살의 기억이 현재화(現在化)되고 있다.

도쿄도부흥기념관이 완성되고 15년 뒤 도쿄는 미군의 공습을 받았다. 미군의 본격적인 공습이 시작된 1944년 11월 24일 이후 1945년 8월까지 106회의 공습이 이어졌다. 가장 심각한 공습은 1945년 3월 10일 도쿄대공습이었다. 마리아나 제도의 기지에서 출격한 미육군항공대 소속 340여 대의 B29 폭격기가 도쿄의 고토(江東) 지역에 2천4백여 톤의 소이탄을 쏟아부었다. 거리는 화염에 휩싸였다. 이날 폭격으로 7만 2천여 명이 사망했고, 2만 4천여 명이 부상을 당했다. 주택 27만 호가 소실되고, 백만 명에 이르는 이재민이 발생했다.

10일에 걸쳐 계속된 미군의 폭격으로 모두 10만여 명이 사망했고, 11만여 명이 부상, 100만 명이 넘는 이재민이 발생했다. 당시 도쿄에는 9만 7천명 정도의 조선인이 살고 있었다. 최소 1만 명 정도의 조선인이 사망했을 것으로 추정하고 있다. 하지만 정확한 사망자는 아직도 파악하지 못하고 있다.

종전 후 도쿄도의 전재(戰災) 희생자를 기리는 시설의 건설을 계획했지만 자금 부족은 물론 부지도 확보할 수 없었다. 연합군최고사령부(GHQ)는 진재위령당을 사용할 것을 제안했다. 천재인 진재(震災)와 전재의 피해자를 함께 모실 수는 없다는 여론이 많았지만 도쿄도는 GHQ의 제안을 받아들여 위령당에 합사(合祀)를 결정했다. 가매장했던 시신은 화장 후 위령당에 안치되었다. 이 작업이 완료된 1951년 진재위령당은 도쿄도위령당으로 이름을 바꾸었다.

『도쿄대공습·전재지(戰災誌)』에 있는 수령인이 없는 희생자 명부에는 조선인으로 추정되는 창씨개명한 이름이 50개 정도 등장한다. 도쿄조선인강제연행진상조사단이 2008년에 사망자 명부(4,018명)를 입수해 확인한 결과 50명의 조선인 이름과 44개의 유골함을 확인했다.

도쿄도위령당에는 조선인 희생자 44개의 유골함이 모셔져 있다.

도쿄의 재일한인역사자료관(在日韓人歷史資料館)에는 충청북도 출신 남한길(1911~1976)의 이재증명서(罹災証明書)가 남아 있다. 그는 1943년 7월 마을의 청년 30여 명과 함께 강제동원되어 도쿄의 니폰(日本)통운에서 일을 하다가 대공습과 조우했다. 동료 25명이 사망했지만 본인은 기적적으로 살아남았다.

대일항쟁기 강제동원 피해조사 및 국외 강제동원 희생자 등 지원위원회는 2012년 명부 분석과 유족 조사를 통해 미군의 공습에 의한 사망자 95명의 신원을 확인했다. 이들은 시바우라(芝浦) 군용 의류품 공장과 이시카와지마(石川島) 조선소 등 군수공장 숙소에 수용되어 있다가 공습으로 사망한 것으로 추정했다. 출신 지역은 경북이 74명으로 가장 많았다.

도쿄도 위령당
소재지 도쿄도 스미다구 요코아미초 2초메 오코아미초공원(東京都墨田区横網2丁目3-25)
건립일 1951년(현재 건물이 건립된 시기)
건립자 도쿄도

10

아사카와(浅川)지하호
– 도쿄

    JR 중앙선을 타고 다카오(高尾)역에 내려서 하치오지시립(八王子市立) 아사카와소학교를 지나 남쪽으로 내려가면 오른편에 곤피라산(金比羅山)과 만난다. 천황과 대본영이 소개하기 위해 조성한 나가노(長野)시의 마쓰시로(松代)대본영 지하호(地下壕)의 규모에 버금가는 지하호가 이곳에 있다. 10킬로미터에 이르는 지하호다. 아시아 최대라는 군용비행기 제조회사 나카지마(中島)비행기의 비밀 지하공장으로 사용했던 공간이다.

    1944년 전쟁 상황이 악화되면서 나카지마비행기는 지방에 공장을 증설해 이전을 진행하고 있었다. 지하호로 공장을 소개시키는 방안도 제기되었으나 구체적으로는 진행되지 않았다. 11월 24일 나카지마비행기 무사시(武蔵)제작소를 목표로 한 본격적인 공습이 시작되었다. 피해는 경미했지만 이에 충격을 받고 즉시 무사시제작소를 지하호로 소개하는 결정이 이루어졌다. 무사시제작소는 일식 전투기(一式戰鬪機)와 영식 함상전투기

(零式艦上戰鬪機)의 엔진을 제조하는 공장이었다.

일본 육군은 하치오지(八王子)시 남서부 핫쓰자와마치(初沢町)와 다카오마치(高尾町)의 구릉에 지하공장을 건설하기 위해 지하호 건설을 발주했다. 지하호는 3개 지구, 총연장 10킬로미터의 규모였다. 일본 육군은 본토 공습에 대비하기 위해 무기, 군수품 등 비축 시설로 '지하 창고' 건설을 계획했다. 지하창고 공사는 육군이 운수통신성 철도총국에 위탁했고, 철도총국은 다시 터널 공사가 전문인 사토(佐藤)공업에 청부했다. 대외적으로는 '아사카와창고건설공사'였다.

이 공사를 지휘한 일본 육군의 특설작업대 본부장인 가토 유키오(加藤幸

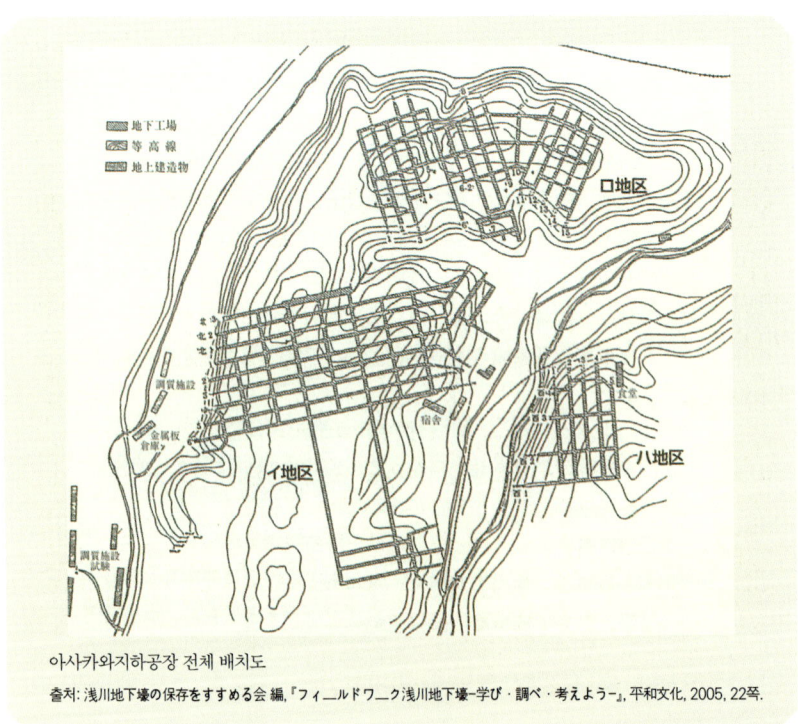

아사카와지하공장 전체 배치도
출처: 浅川地下壕の保存をすすめる会 編, 『フィールドワーク浅川地下壕—学び・調べ・考えよう—』, 平和文化, 2005, 22쪽.

夫)는 아사카와만이 아니라 나가노의 마쓰시로대본영 지하호 건설도 책임지고 있었다. 이 두 지하호는 형제와 같은 관계로 진행되고 있었다.

1944년 9월 시작된 제1기 공사 때 사토공업은 8명의 오야가타 휘하에 약 5백 명의 조선인 노동자에게 두 개 지역의 갱도 굴삭을 청부했다. 이는 구미(組)라 불리는 하청 회사였다. 1945년 2월에 공사는 완성되었다.

제1기 공사가 완성되기 전인 1945년 1월 12일 지하호의 증설이 결정되었다. 제1기 공사를 한 사토공업과 오쿠라토목(大倉土木)이 함께 공사에 참여했다. 이 공사도 조선인 노동자가 건설에 동원되었다. 사토공업이 5백 명, 오쿠라토목이 1백 명, 아오키구미(青木組)가 5백 명으로 모두 2천 1백 명의 조선인 노동자가 동원되었다. 『비밀지하공장 나카지마비행기 아사카와공장(秘密地下工場 中島飛行機浅川工場)』에 따르면 최대 7천 명이라는 설도 있

일본 패전 직후 미군이 촬영한 아사카와지하공장 내부 모습
출처 : 浅川地下壕の保存をすすめる会 編, 『フィールドワーク浅川地下壕-学び・調べ・考えよう-』, 平和文化, 2005, 31쪽.

다. 오치아이(落合)와 아사카와초등학교 남측에 2개의 조선인 함바가 있었다.

경상남도에서 1943년에 강제동원되어 시즈오카현(静岡県) 니혼사카(日本坂)터널 굴삭 공사 현장에서 혹사당하다 도망한 뒤 아사카와지하호 굴삭 공사에 일했던 강수희 씨는 "당시 아사카와에는 하쓰자와 조선인 부락에 있었는데, 12~13동의 나가야(長屋) 함바가 줄지어 있었다. 원래 부락에는 6동의 함바가 있었고, 오치아이에는 2동의 함바가 있었다. 지하호 굴착을 위해 조선에서 동원된 조선인 노동자들이 있었는데, 제일 많을 때는 4~6천 명이 일하고 있었다."고 증언했다. 정확한 숫자는 확인할 수 없지만 그 정도로 많은 조선인 노동자가 공사에 동원되고 있었다.

작업은 굴삭기로 작업하는 사람, 발파를 담당하는 사람, 굴삭한 토사

'아사카와지하호의 보존을 추진하는 모임'이 필드워크를 주최하고 공사 당시 공사 현장의 모습을 보여주고 있다.

아사카와지하호는 사고 등을 예방하기 위해 철골 구조물을 설치해놓고 있다. 지하호 곳곳에는 아직도 착암기 자국 등 공사의 흔적들이 남아 있다.

를 운반해서 버리는 사람으로 기능은 나뉘어 있었다. 위험한 작업은 조선인이 담당했다. 긴급한 공사였기 때문에 3교대로 쉼 없이 공사는 진행되었다. 각지에서 긴급하게 조달한 조선인 노동자의 작업이 주력이었다. 낙반 사고가 빈번했고, 사상자가 속출했다. 하지만 아사카와지하호의 유적은 남아 있지만 현장에는 안내판 하나 없이 방치되어 있다. '아사카와지하호의 보존을 추진하는 모임'이 한 달에 한 번 필드워크를 하면서 지하에 잠자고 있는 전쟁의 역사와 조선인 강제동원의 역사를 기억하고 있다.

아사카와지하호
소재지 도쿄도 하치오지시 다카오마치(東京都八王子市高尾町)
건립일 1945년 2월 1기 공사 완료
건립자 일본 육군

11

사가미(相模)댐 호명비(湖銘碑)와 순직자 위령탑
– 가나가와

쇼와시대의 잔향과 풍경이 진하게 남아 있는 사가미호(相模湖) 유원지. 지금은 색바랜 호반이 되어 과거의 향수가 그리운 사람들이 찾는 낡은 공간이 되었다. 사가미강(相模川)을 막아 사가미댐이 건설되어 만들어진 호수가 사가미호다. 저수량 5,720만 세제곱미터의 사가미댐은 일본 최초의 다목적 댐이다.

사가미호·댐 건설 순직자 합동추도회가 매년 사가미호교류센터에서 열린다. 호명비(湖銘碑)가 세워진 1979년부터 실행위원회가 꾸려져 열고 있는 추도회다. 가혹한 노동환경과 식량 부족, 질병, 사고 등으로 숨진 83명의 노동자를 기리기 위한 추도회다. 호반 옆에 조성된 널찍한 사가미호공원 중앙에 자리 잡고 있는 호명비. 사가미댐은 1940년에 건설을 시작해서 1947년에 준공되었다. 가나가와현민은 사가미댐의 완성으로 '생명의 물과 수력 발전에 의한 클린 에너지'를 향유할 수 있게 되었다는 사실을 이 호명비는 기록하고 있다.

사가미호는 1964년에 열린 도쿄올림픽의 조정경기장으로 사용되었다. 지금도 쇼와시대 유원지의 모습을 간직하고 있다.

공사에는 전쟁체제하의 노동력 부족으로 일본 각지에서 모은 노동자, 근로학도뿐만이 아니라 포로로서 동원된 중국인과 당시 식민지였던 조선 반도에서 국가의 방책에 따라서 동원된 분 등 연 3백 수만 명이 종사하셨습니다. 이 역사적 사업의 완성에 있어서는 수몰자나 이 공장 사람들의 큰 협력과 공사에 종사하신 분들의 노고와 순직, 병사 등의 귀한 희생이 있었다는 것을 잊을 수 없습니다.

비문은 일본어와 한국어, 중국어로 새겨져 있다. 이 호명비는 원래 1979년에 세워졌으나 희생자의 이름도 없었고, 비의 내용도 충분하지 않았다. 나가스 가즈지(長洲一二) 가나가와현 지사는 조선인과 중국인의 강제노동에 관한 내용을 비문에 담고, 뒷면에 사망자 83명의 이름을 새겨넣은 호명비를 1993년 10월에 다시 세웠다.

사가미호·댐 건설 구상은 1924년으로 거슬러 올라간다. 1923년 간토 대지진으로 게이힌(京浜) 지역은 막대한 타격을 받았다. 이 지역을 부흥시키기 위해 공업과 농업을 진흥하고자 했다. 도쿄에서 피해를 입은 많은 공장이 지진 피해를 계기로 가와사키(川崎)로 대거 이전했다. 일본의 중국침략으로 게이힌 지구는 군수산업의 호경기를 맞이했다. 1935년 이 지역의 공업생산은 10년 전에 비해 2, 3배가 증가했다.

1993년에 건립된 호명비의 비문은 일본어와 중국어, 한국어로 새겨져 있다. 뒷면에 사망자 83명의 이름이 새겨져 있다.

가나가와현은 현민의 부담 경감과 복지 증진을 위해 1934년 가나가와 수리개발조사와 사가미강하수통제사업을 추진했다. 1938년 사가미호댐 사업 계획이 현의회에 제출되었다. 중일전쟁을 계기로 가나가와현은 하수통제로 전력 판매 수입을 올리고, 대공장을 유치해 재정 안정을 위해 댐 건설을 추진했다. 수몰 지역 주민의 반대에도 불구하고 1941년 건설 공사는 시작되었다.

전시 상황 속에서 자재와 노동력의 부족에 직면했다. 학생 동원은 물론 중국인과 조선인을 강제동원하여 댐 건설을 추진했다. 강제동원한 조선인과 자유노동자 조선인은 폭파 등 위험한 작업과 중노동에 시달려야 했다. 창씨개명 등으로 정확하게 희생자를 판단할 수 없지만 사망자 83명 가운데 적어도 18명 이상을 조선인으로 추정하고 있다.

중국인 포로의 강제노동은 1944년 4월부터 시작되었다. 가혹한 노동과 열악한 수용소 생활 때문에 피부병과 영양실조가 속출했고, 사망자는 28명이나 되었다. 공사가 일시 중단되었지만 1947년 6월 사가미호·댐은 완성되었다.

1943년 11월에 작성된 사가미강하수통제사업 추진 현황 개요에 따르면 공사 완성까지 연인원 350만 명의 노동력을 필요로 했다. "일본인이 4할, 반도인(조선인)이 6할을 차지하고 있고, 10월 말까지 연인원 2,408,373명이고 현재 인원은 약 4천 명"이라고 기록하고 있다. 4천 명의 6할, 즉 2천 4백 명 정도의 조선인 노동자가 동원되어 공사에 투입되고 있었다.

가나가와현과 조선의 관계사 조사위원회 보고에 의하면 1942년 3월 오쿠라토목이 344명, 구마가이구미(熊谷組)가 400명, 6월 오쿠라토목이 473명, 구마가이구미가 400명을 '모집'을 통해 건설 공사에 동원했다. 1943년에는 하수통제사업에 '모집'으로 1천2백 명을 동원했고, 구마가이구미 사가미강 요세(与瀬)사업소 소속 조선인이 2천여 명이라는 신문 기사도 보인다.

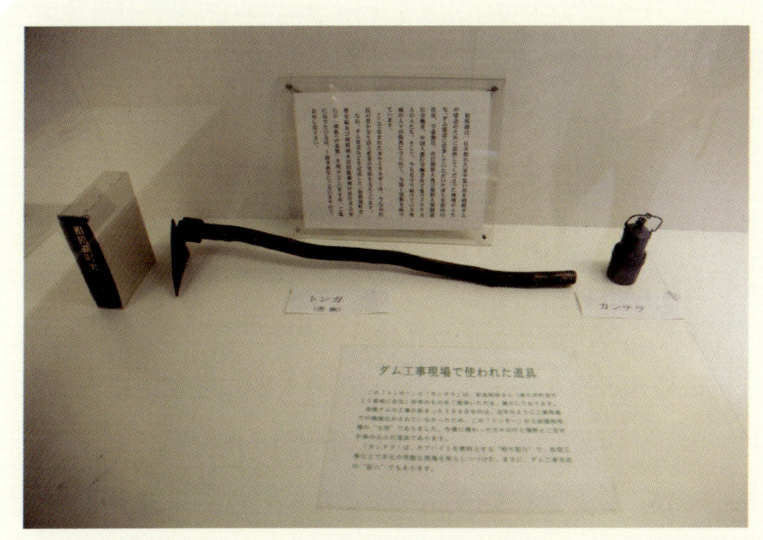
공사 현장에서 땅을 파는 도구는 괭이가 유일했다.

조선인 '자유노동자'는 생계를 위해 일본으로 유입된 조선인 노동자를 가리킨다. 이와 달리 모집이나 알선 등의 방식을 통해 일본에 강제동원된 조선인 노동자는 동그라미 안에 모집의 모(募)자를 쓴 표식을 상의 가슴에 달고 있었다. 이들을 '마루보(マル募)'라 불렀는데, 마루보 표식을 붙인 노동자들은 일반 노동자들과 구분되어 있었다.

당시 마루보라 부르는 노동자들의 숙소는 높은 담으로 둘러쳐져 있었다. 도망을 방지하기 위해서였다. 도망자에게는 엄한 처벌이 내려졌다. 구마가이구미의 하청을 하던 업자는 "마루보는 자유가 없었다. 자유를 박탈당했기 때문에 모두 도망가려 했다. 마루보는 구마가이구미가 직접 관리하고 있었다. 이 현장에 몇 명, 저 현장에 몇 명 하는 식으로 인솔자가 군대식으로 인력을 배분했다"고 증언했다. 이런 상황 속에서도 도망은

빈발했다. 1년 안에 반 정도가 도망을 갈 정도였다. 패전할 때까지 공사가 진행되던 3년 동안에는 항상 300~400명의 마루보가 공사 현장에 있었다.

사가미댐 공사 현장에는 마루보와 달리 조선인 '자유'노동자도 있었다. 이들은 조선인만의 숙소에서 생활했다. 구마가이구미와 오쿠라토목의 2대 하청, 3대 하청을 받아 공사 현장에서 일을 하고 있었다. 조선에 처자가 있는 조선인 자유노동자는 공사 현장으로 가족을 불러 지역에 있는 민가를 빌리거나 판자집을 지어 가족이 함께 생활하는 경우도 많았다. 학교를 다니고 싶었지만 아버지와 함께 현장에서 일하는 경우도 있었다. 공사장 부근의 소학교에 다니던 아이들도 있었는데, 학교에서 차별

1950년대에 촬영된 조선인 마루보의 숙소 모습

출처:『教育文化』No.15, 1998, 3쪽.

을 당하는 경우도 많았다.

조선인 자유노동자는 다이너마이트 발파 작업이나 갱도 작업에 동원되었다. 일본인들이 꺼리는 위험한 작업이 많았다. 마루보 노동자는 모래 채취, 광차 운반 등 보다 단순한 작업에 동원되었다.

1943년 9월에 발생한 홍수는 공사의 진행에 커다란 지장을 초래했다. 이때 펌프를 끌어 올리는 작업을 하던 노동자 3명이 강물에 휩쓸려 사망하는 사고가 일어났다. 이 가운데 1명이 37세의 조선인 노동자 양강조다. 홍수로 인한 설비 유출, 전쟁으로 인한 공사 중단 등의 우여곡절을 거쳐 연인원 360만 명을 동원한 사가미댐은 1947년에 완성되었다.

사가미댐은 지역에 관개용수를, 요코하마시(橫浜市)·사가미하라시(相模原

1943년 홍수로 유실된 사가미댐 건설 현장

출처: 『敎育文化』 No.15, 1998, 19쪽.

市)·가와사키시(川崎市) 등에 상수도와 공업용수를, 수력발전을 통해 전기를 공급하는 일본 최초의 다목적댐이다.

호명비에서 동쪽으로 사가미호기념관을 지나 사가미호대교를 건너 북쪽으로 약간 걸으면 위령탑이 있다. 사가미댐 우안(右岸)에 있는 이 위령탑은 원래 1947년에 댐을 준공하면서 나무로 만들어 건립을 했다. 세월이 흐르면서 부식되자 1962년 돌로 축대와 기반을 만들어 석비로 재건했다. 순직자 52명의 이름이 새겨져 있다.

사가미댐 희생자 위령탑에는 조선인 5명과 조선인으로 추정되는 13명 등 총 18명의 조선인 노동자 이름이 새겨져 있다.

공사 중 순직한 사람들을 기리는 위령탑에는 "김도인(金山遠龍), 김대수, 김계문, 박본준호(朴本俊鎬), 양강조" 등 5명과 조선인으로 추정되는 13명, 총 18명의 조선인과 만난다. 이들의 이름은 호명비에도 새겨져 있다.

호명비

소재지　가나가와현 사가미하라시 미도리구 요세317-1(神奈川県相模原市緑区与瀬317-1) 사가미호공원 내
건립일　1993년 10월
건립자　나가스 가즈지(長洲一二, 가나가와현 지사)

위령탑

소재지　가나가와현 사가미하라시 미도리구 와카야나기(神奈川県相模原市緑区若柳) 사가미댐 우안
건립일　1962년 12월 재건
건립자　우치야마 이와타로(內山岩太郎, 가나가와현 지사)

마무리하며

조선인 노동자의 이름이 새겨진 위령비와 추모비를 찾고, 취재하는 과정에서는 많은 분들의 도움이 있었다. 자료를 찾고 읽는 작업에서도 많은 분들의 지원과 협력이 있었다. 평생 지쿠호 지역의 탄광과 절간을 돌며 조선인 노동자의 삶과 강제동원의 역사를 발굴하고 기록해오신 재일 역사가 고 김광열 선생님은 1993년 첫 일본 취재에서 강제동원의 현장을 안내해주고 긴 답사의 여정을 열 수 있게 가르침을 주셨다. 삶의 마지막 순간까지도 조선인 강제동원의 역사를 기록하는 작업을 해온 고 하야시 에이다이(林えいだい) 선생님의 저작들은 작업에 많은 영감을 주었다. 고 김광열 선생님과 고 하야시 에이다이 선생님은 위령비와 추모비를 기록한다는 일이 갖는 의미를 발견하게 해준 길잡이였다.

취재 지역의 강제동원 관련 자료를 아낌없이 제공해주시고 전체상을 읽도록 도와주신 정혜경 선생님, 끝이 보이지 않는 작업에 순간순간 격려와 조언을 해주신 김광열 선생님과 최영호 선생님은 위령비와 추모비 안에 담겨 있는 배경을 이해하고 의미를 읽도록 해주었다. 박환무 선생님은 위령비 기록 작업을 처음부터 지켜보시면서 제국과 자본, 그리고 노동력을 더불어 고민하고 천착하도록 해주셨다.

규슈 답사에 함께 해준 박강수 님, 히로시마 답사에서의 기타무라 메구미 님, 시즈오카·후쿠시마·도쿄 답사를 함께 해준 포토저널리스트 도요다 나오미(豊田直巳) 님, 나가노 답사에 함께 해준 포토저널리스트 야마모토 무네스케(山本宗補)님과 김구미 님, 니가타·홋카이도·도치기·가나가와 등의 답사에서 자료 조사와 현장 코디를 해준 아카시 가오루(明石薰) 님, 아키다 답사에 함께 하시고 연구 자료를 건네주신 차타니 주로쿠(茶谷十六) 선생님, 홋카이도 답사에 함께 해준 다니가미 다카시(谷上隆)님은 지역의 현장을 꼼꼼히 살펴볼 수 있는 시간을 만들어주셨다. 혼신의 힘으로 현장에서 협력을 아끼지 않으신 분들이다. 또한 자신들의 지역에서 조선인 노동자의 역사를 조사하고 기록해온 일본 시민단체 여러분들의 발품 파는 노력에 힘입은 바 크다.

 위령비와 추모비에 새겨진 조선인 노동자의 이름을 찾는 이 작업이 책으로 나올 수 있는 기회를 만들어주신 동북아역사재단의 남상구, 신효승 님에게도 진심으로 감사의 마음을 전하고 싶다.

 이 책은 겨우 작은 발걸음을 내디뎠을 뿐이다. 그동안 찾아간 위령비와 추모비는 아직도 '점'으로 남아 있다. '선'으로, '면'으로 만들기 위해서는 연구 논문과 자료들을 천착해야 한다. 현장을 밟고 그 시간으로 돌아가 이미지를 재구성하고 다시금 현재화해야 한다. 긴 여정이 기다리고 있다. 소걸음으로 걸어간 길을 뒤돌아보는 순간에 깨달음은 다가오지 않을까.

2020년 12월 31일
낙성대에서
안해룡

참고문헌

- 朝鮮人強制連行真相調査団, 『朝鮮人強制連行強制労働の記録 北海道・千島・樺太篇』, 現代史出版会, 1974.
- 歴史教育者協議会 編, 『石碑と銅像で読む近代日本の戦争』, 高文研, 2007.
- 十菱駿武・菊池実 編, 『しらべる戦争遺跡の事典』, 柏書房, 2002.
- 戦争遺跡保存全国ネットワーク 編, 『日本の戦争遺跡：保存版ガイド』, 平凡社, 2004.
- 竹内康人, 『戦時朝鮮人強制労働調査資料集―連行先一覧・全国地図・死亡者名簿』, 神戸学生青年センター出版部, 2015.
- _____, 『戦時朝鮮人強制労働調査資料集 2』, 神戸学生青年センター出版部, 2012.
- _____, 『調査・朝鮮人強制労働 1 炭鉱編』, 社会評論社, 2013.
- _____, 『調査・朝鮮人強制労働 2 財閥・鉱山編』, 社会評論社, 2014.
- _____, 『調査・朝鮮人強制労働 3 発電工事・軍事基地編』, 社会評論社, 2014.
- _____, 『調査・朝鮮人強制労働 4 軍需工場・港湾編』, 社会評論社, 2015.
- 東京都歴史教育者協議会 編, 『東京の戦争と平和を歩く』, 平和文化, 2008.
- 洋泉社編集部 編, 『知られざる軍都多摩・武蔵野を歩く』, 洋泉社, 2010.
- 十菱駿武, 『多摩の歴史遺産を歩く』, 新泉社, 2009.
- 札幌郷土を掘る会 小冊子編集委員会 編, 『今も聞こえる藻岩の叫び』, 札幌郷土を掘る会, 1988.
- 小池喜孝, 『常紋トンネル―北辺に斃れたタコ労働者の碑』, 朝日新聞社, 1991.
- _____, 『鎖塚―自由民権と囚人労働の記録』, 現代史資料センター出版会, 1973.
- 社史編纂委員会, 『創業百年史』, 同和鉱業株式会社, 1985.
- _____, 『遺骨は叫ぶ―朝鮮人強制労働の現場を歩く』, 社会評論社, 2010.
- _____, 『花岡を忘れるな 耿諄の生涯』, 社会評論社, 2014.
- _____, 『秋田県における朝鮮人強制連行―証言と調査の記録』, 社会評論社, 2005.
- _____, 『秋田の朝鮮人強制連行: 歴史の闇を歩く』, 彩流社, 1999.

- 梁泰昊 編,『朝鮮人強制連行論文集成』, 明石書店, 1993.
- 朴慶植,『朝鮮人強制連行の記録』, 未来社, 1965.
- 内海愛子,『キムはなぜ裁かれたのか 朝鮮人BC級戰犯の軌迹』, 朝日新聞出版, 2008.
- 浅川地下壕の保存をすすめる会 編,『フィールドワーク 浅川地下壕―学び・調べ・考えよう』, 平和文化, 2005.

- 長澤秀,「常磐炭田における朝鮮人労働者について」,『駿台史学』40, 1977.
- _____,「戰時下常磐炭田における朝鮮人鉱夫の労働と闘い」,『史苑』47, 1987.
- _____,「ある朝鮮人炭鉱労働者の回想」,『在日朝鮮人史研究』4, 1979.
- _____,「8·15直後の朝鮮人炭砿夫の闘い」,『いわき地方史研究』23, 1986.
- _____,「戰時下・磐城炭礦(株)朝鮮人労務管理」,『いわき地方史研究』24, 1987.
- 「強制連行の歴史から相模湖・ダムを見る」,『教育文化』15, 湘北教育文化研究所, 1998.

- 가토 나오키,『구월, 도쿄의 거리에서 : 1923년 간토대지진 대량학살의 잔향』, 갈무리, 2015.
- 강덕상,『조선인의 죽음 : 관동대지진과 조선인 대학살의 진상』, 동쪽나라, 1995.
- _____,『학살의 기억 관동대지진』, 역사비평사, 2005.
- 강덕상·야마다 쇼지·장세윤·서종진 외,『관동대지진과 조선인 학살』, 동북아역사재단, 2013.
- 동북아역사재단 편,『관동대지진과 조선인학살사건 : 관동대지진 90년 한일학술회의』, 동북아역사재단, 2013.
- 야마다 쇼지,『관동대지진 조선인 학살에 대한 일본 국가와 민중의 책임』, 논형, 2008.
- 우쓰미 아이코,『조선인 BC급 전범, 해방되지 못한 영혼』, 동아시아, 2007.
- 우쓰미 아이코·무라이 요시노리,『적도에 묻히다』, 역사비평사, 2012.
- 이학래,『전범이 된 조선청년』, 민족문제연구소, 2017.
- 정혜경,『일본 제국과 조선인 노무자 공출』, 도서출판선인, 2011.
- 조선인강제연행진상조사단 편,『조선인 희생자 추도비』, 동북아역사재단, 2019.

- 하정웅 · 권현정,『날마다 한걸음』, 메디치, 2014.

- 강필구,「1937~1945년 이와키지역 조선인 노무동원과 관리의 실태 : 죠반(常磐)탄광 사례를 중심으로」,『亞細亞研究』제62권 제3호, 2019.
- 김인덕,「관동대지진 조선인 학살과 일본 내 운동세력의 동향」,『東北亞東北亞論叢』49, 2015.
- 다나카 마사타카,「관동대지진 조선인 학살 연구의 과제와 전망」,『東北亞歷史論叢』48, 2015.
- 서혜선,『스미토모(住友)고노마이(鴻之舞)광산의 조선인 노무자 실태에 관한 연구, 1939~1942년』, 한성대학교 석사학위논문, 2013.
- 정혜경,「전시체제기 죠반(常磐)탄전 관련 명부자료를 통해 본 조선인 노무자의 사망실태」,『한국민족운동사연구』59, 2009.
- _____,「일제말기 홋카이도(北海道) 스미토모(住友) 고노마이(鴻之舞) 광업소 조선인 노무자 노동재해 관련 기록물 연구」,『韓日民族問題研究』30, 2016.
- 홍선표,「관동대지진 때 한인 학살에 대한 歐美 한인세력의 대응」,『東北亞歷史論叢』43, 2014.

찾아보기

ㄱ

가미모베쓰에키테이보존회 34
가미모베쓰에키테이쇼 32, 34, 36
가지마건설 50
가지마구미 12, 13, 15, 22, 23, 45,
　49, 52, 55, 80
간와지장보살 46
간토대지진 95, 99, 113
감옥베야 23
계엄령 97
고노마이광산 31, 32, 33, 34, 35, 36,
　37, 38, 39
고노마이광산위령비 39
고노마이금산자료관 34, 36
광산보국대 35
구마가이구미 114, 115, 116

ㄴ

나가스 가즈지 112, 119
나가쓰강발전소 18
나나쓰다테갱 52, 53, 55, 57
나나쓰다테 갱 함몰 재해 보고서 53, 54
나나쓰다테사건 55
나나쓰다테조혼비 49, 55, 56, 57
나쓰세발전소 60, 66

나카야마료 49, 50
나카지마비행기 105, 107
노구치부대 89
노예적 노동관계 45
니시마쓰구미 80

ㄷ

다마노우미신사 84
다마호 82, 85
다자와호 59, 60, 61, 62, 63, 64, 65
다코노동자 41, 42, 43, 44
다코베야 22, 23, 24, 25, 26, 27, 43,
　44, 46
덴다쿠지 60
도카치오키 지진 46
도와광업 51, 52, 53
도쿄대공습 102
『도쿄대공습 · 전재지』 102
도쿄도 수도국 81, 82, 85
도쿄도위령당 96, 102
『독립신문』 99

ㅁ

마루보 115, 116, 117
만령공양지탑 75, 77

모이와 희생자의 비 24, 25, 26, 27, 28, 29
모이와댐 24
모이와발전소 21, 22, 25, 26, 28, 29
묘카쿠지 76, 77
묘켄도 90, 92, 93

• ㅂ •

반도계 형사 71
반도노무원통리요강 37
반도료 71
벳시광산 33
『비밀지하공장 나카지마비행기 아사카와공장』 107

• ㅅ •

사가미강하수통제사업 113, 114
사가미댐 111, 116, 117, 118, 119
사가미호 111, 112, 113, 114
사도금광 33
사토공업 106, 107
산업봉공대 35
삿포로 향토를 발굴하는 모임 25
센다쓰발전소 60, 63
센사키항 64
쇼겐지 70, 74, 77
순직자 위령탑 111
순직자의 비 79, 84, 85

스미토모광업 33
스미토모금속광산주식회사 32, 39
시나노강 조선인 학살 사건 18
시미즈터널 17
신요베야 23, 24, 25, 27
싱가포르 창이 순난자 위령비 87, 91, 92, 93

• ㅇ •

아사카와지하호 108, 109
아사카와창고건설공사 106
야스요시역 10
연합군최고사령부(GHQ) 88, 101
오고우치댐 위령비 85
오보나이발전소 61, 63
오코바역 11, 12, 13, 15
오고우치댐 79, 80, 81, 82, 85
오쿠타마호 79, 81, 85
오쿠라토목 107, 114, 116
외국인노동자배척법 12
우에노 에이신 17
이와키탄광 69, 71, 73, 76
이재증명서 102
이토구미 22, 23
『일본철도청부업사』 13

• ㅈ •

『자료집 조선인 희생자 추도비』 8

재일본조선인연맹 64, 73, 75
재일한인역사자료관 102
조몬터널 41, 42, 44, 45, 46
조몬터널공사순난자추도비 41, 42, 47
조몬터널순직자의 묘 46, 47
조선인 무연불 위령비 59, 64, 65, 66, 67
조선인강제연행진상조사단 8, 102, 123
조에쓰선 17
조자탄광 14, 15
죠반석탄광업회 71, 72
죠반탄전 69, 70, 71, 72, 73, 74, 75
죠반탄전 조선인 노무 희생자의 비 70, 77
지쿠호 7, 8, 17, 120
진다이발전소 60
진재기념관 95
진재위령당 101, 102

• ㅊ •

착한 마음 모임 65, 67
『창업백년사』 53
창이형무소 90, 92
철도 공사 중 순난병몰자 추도기념비
    11, 12, 13

• ㅎ •

하나오카광산 51, 52, 54
하나오카사건 49, 50, 51, 55, 56, 57
하나오카수난자연의회 50
하야토역 10
하자마구미 11, 12, 13, 15
한국인 위령비 18, 19
협화료 37
호명비 111, 112, 113, 118, 119
홋카이도석탄철도주식회사 44
홋카이도수력발전주식회사 29
후루카와요시마탄광 76
히메관 59, 60, 61, 67
히메관음상건립취지서 60
히사쓰선 10, 11, 12, 15
히시카리금광 33

BC급 전범 88, 91, 92, 93, 123

일제침탈사 바로알기 8
조선인 노동자 위령비를 찾아서 1

초판 1쇄 인쇄   2021년 3월 24일
초판 1쇄 발행   2021년 3월 31일

지은이   안해룡
사진   안해룡
펴낸이   이영호
펴낸곳   동북아역사재단

등 록   제312-2004-050호(2004년 10월 18일)
주 소   서울시 서대문구 통일로 81 NH농협생명빌딩
전 화   02-2012-6065
팩 스   02-2012-6189
홈페이지 www.nahf.or.kr
제작·인쇄 (주)동국문화

ISBN   978-89-6187-621-6 (04910)
         978-89-6187-482-3 (세트)

• 이 책은 저작권법으로 보호를 받는 저작물이므로 어떤 형태나 어떤 방법으로도 무단전제와 무단복제를 금합니다.
• 책값은 뒤표지에 있습니다. 잘못된 책은 바꾸어 드립니다.